Die schönsten Familienwanderungen in Vorarlberg

Michael Reimer und Wolfgang Taschner

W0385698

loewenzahn
Innsbruck – Bozen

Hohenweiler
7
5
Bregenz
6
H chst
Lingenau
10
Dornbirn
8
Schwarzenberg
Sibratsgf ll
11
13
12
Hohenems
Bezau
1
Riezlern
3
4
2
Schoppernau
15
14
Mittelberg
Rankweil
9
Feldkirch
20
Sonntag
Schr cken
30
27
28
Lech
26
29
Bludenz
B rs
18
17
Braz
Dalaas
16
L nersee
19
Tschagguns
24
Schruns
23
21
22
Gargellen
25

Mit Kindern unterwegs in Vorarlberg

Kinder bewegen sich gerne in freier Natur – sofern sie auf abwechslungsreichen Routen wandern und am Wegesrand immer etwas Interessantes entdecken. Tiere und Pflanzen begeistern Kinder ebenso wie klare Gebirgsseen, sprudelnde Wildbäche, markante Felsen oder geheimnisvolle Sagengestalten. In diesem Buch sind 30 attraktive Tourenvorschläge enthalten, die sich insbesondere für Familien mit Kindern eignen.

Alle Routen sind ausführlich beschrieben, dazu gibt es viele Hinweise zu Einkehrmöglichkeiten und interessanten Attraktionen unterwegs. In Verbindung mit der ebenfalls abgedruckten Karte dürfte es keine Probleme geben, den richtigen Weg zu finden.

Die einzelnen Touren sind in Schwierigkeitsgrade unterteilt: Die leichten Routen (1) kann man bequem auch an einem halben Tag schaffen, teilweise sind sie auch mit Kinderwagen zu machen. Für mittelschwere Touren (2) ist schon etwas Wandererfahrung erforderlich, ohne dass man sich dabei übermäßig anstrengen muss oder in Zeitstress kommt. Bei den schwierigeren Vorschlägen hingegen sind schon Trittsicherheit und vor allem Ausdauer notwendig, dafür ist man auch in den schönsten Regionen des Ländles unterwegs (3). Auf einigen Touren ist sogar eine Hüttenübernachtung vorgesehen.

Das Buch ist in sechs Regionen aufgeteilt: Kleinwalsertal, Bodensee-Alpenrhein, Bregenzerwald, Alpenregion Bludenz, Montafon und Arlberg. Damit ist ganz Vorarlberg abgedeckt und jeder kann sich Touren ganz in seiner Nähe aussuchen. Wir wünschen dabei viel Spaß.

Michael Reimer
und Wolfgang Taschner

Kleinwalsertal

Spritziges Wildwasser, imposante Berge

Obwohl einige hohe Gipfel der Lechtaler Alpen das Kleinwalsertal vom Zentrum Vorarlbergs abschirmen, liegt es in der Gunst der Familien ziemlich weit oben. Zwar muss für die Anfahrt vom Bregenzerwald der Umweg über Oberstdorf in Kauf genommen werden, doch sprudelnde Wildwasser und markante Berggipfel ziehen Jung und Alt in ihren Bann.

Information: Kleinwalsertal Tourismus
Im Walserhaus, 6992 Hirschegg,
Tel. 05517-51140, Fax -511421
info@kleinwalsertal.com,
www.kleinwalsertal.com

Allgäu-Walser-Card:
Freie Busfahrt auf allen Tallinien (rund 40 km) und kostenlose Wanderführer (ab 1 Übernachtung) für kleine und große Exkursionen; Gästekarte gegen Aufpreis aufladbar für Benutzung sämtlicher Bergbahnen sowie für den Eintritt zu Attraktionen.

Karte: Kompass Wanderkarte 03, Oberstdorf/Kleinwalsertal, 1:30.000

01 Tour 1: Erlebnis Breitachklamm

Breitachklamm – Waldhaus – Riezlern

Auf einen Blick

Anspruch: 2
Anfahrt: Von Oberstdorf über Weidach zum Gasthaus Breitachklamm (großer Parkplatz). Busse verkehren häufig vom Bahnhof in Oberstdorf.
Gehzeit: 3 Std. (Breitachklamm Talkasse - Breitachklamm Bergkasse 3/4 Std. - Waldhaus 3/4 Std. - Riezlern 1 1/2 Std.)
Auf- und Abstieg: 300 Höhenmeter
Charakter: Die Durchschreitung der Klamm erfolgt zwischenzeitlich auf engem Steig, zum Teil auf Treppen. Außerhalb der Klamm öffnet sich das Tal zunehmend, der Weg wird breiter und führt meist nur gering ansteigend stets am Bach dem Ziel entgegen. Insgesamt eine gemütliche Allwetter-Wanderung, die bei Regen allerdings etwas glitschig ist. Im Bereich der Klamm zuweilen etwas überlaufen.
Einkehrmöglichkeit auf der Strecke: Gaststätte Waldhaus, Tel. 08329-6823
Variante: Nach Durchschreitung der Klamm wieder ein Stück weit zurück, auf dem Zwingsteg den Bach überqueren und über Dornachalpe und Sesselalpe zum Ausgangsort zurück (insgesamt 2 Std.).

Wie beliebt die Durchschreitung der Breitachklamm ist, erleben wir an einem schönen Sommertag. Dann bildet sich an der Kasse (Eintritt Erwachsene 2,50 Euro, Kinder bis 15 Jahre 1,20 Euro, letzter Einlass: 17 Uhr) zuweilen eine lange Schlange. Im Verlauf der Wanderung kommt es an den engen Stellen vor allem bei Gegenverkehr zu dem einen oder anderen Stau, wobei für Erwachsene die Gefahr besteht, sich an der überhängenden Felswand den Kopf zu stoßen. Dabei benötigt man für die 2,5 Kilometer lange

01

Strecke durch die Klamm Sonne und blauen Himmel ebenso wenig wie bei der Erkundung einer Höhle. Denn die Klamm ist teilweise nur wenige Meter breit und Sonnenlicht dringt nur sehr spärlich in die Schlucht hinein. An manchen Stellen lugt der Himmel nur wie ein verschmitzt lachendes Auge durch den dunklen Felsspalt. Das Wildwasser ist eng in sein felsiges Bachbett eingeschlossen und bahnt sich unter lautem Getose seinen Weg. Dabei überwindet es Wasserfälle und sammelt sich immer wieder in smaragdgrün leuchtenden Gumpen. Auch von oben fallen mitunter kleine kühlende Wasserduschen auf einen herab. Die Durchschreitung der Breitachklamm ist ein prickelnd-spritziges Naturspektakel, warum also nicht gleich bei mäßigem Wetter und ohne Karawane das aufregende Vergnügen angehen? Bei Regen wird der Weg zwar etwas glitschig, doch der Steig ist an den abschüssigen Stellen perfekt mit einem Geländer abgesichert.
Bei Unwettern sollte man die Tour allerdings meiden. Denn dann

01

sammelt sich das Regenwasser in Windeseile im engen Bachbett, der Wasserpegel steigt dramatisch. Im Jahr 1996 wurde mit 4,74 Meter Wasserstand über dem Weg der bisherige Rekordwert gemessen.

Eine andere Naturgewalt offenbart sich im Winter: Die Bäche, die im Sommer in die Klamm herabstürzen, verwandeln sich in bizarre Eisströme, und an den tropfnassen Felswänden bilden sich gewaltige Eiszapfen. Zudem türmt sich in niederschlagsreichen Wintern der Schnee zum Teil meterhoch in der Schlucht.

Bald nehmen die beengten Verhältnisse in der Schlucht ein Ende: Flussaufwärts wird das Tal der Breitach immer breiter. Treppenartig führt der Steig zum Kassenausgang und weiter über eine Brücke auf die andere Seite des Baches. Über Wurzeln, Stock und Stein geht es fortan dem Ziel entgegen. Immer wieder führen Pfadspuren in das einladend breite Bachbett hinab. Hier hat die Natur mit klarem Quellwasser, mannshohen Felsbrocken und zurückgebliebenem Schwemmholz einen aufregenden Abenteuerspielplatz hinterlassen. In dieser

01

reizvollen Landschaft schmeckt die mitgebrachte Brotzeit noch besser als gewöhnlich.
Eine andere Möglichkeit, sich zu stärken, bietet die idyllisch in einer Waldlichtung gelegene Gaststätte Waldhaus. Auf der Terrasse kann man abseits von Verkehr und Lärm entspannt alle Viere von sich strecken und sich mit Milchreis mit Zimtzucker und Kirschen oder Erdbeerbuttermilch stärken. Wenn ihr spielen wollt, steht ein Puppenhäuschen mit Sandkasten, Minirutsche und Spielsachen für euch bereit.
Im Schlussabschnitt der Wanderung ändert sich der Charakter der Tour nur geringfügig. Der munter sprudelnde Bach wird permanent unser Begleiter sein, bevor uns die gut markierte Route zuletzt ansteigend in den Ortskern von Riezlern führt. Von dort gelangen wir mit dem Bus über Oberstdorf wieder zum Ausgangsort zurück.

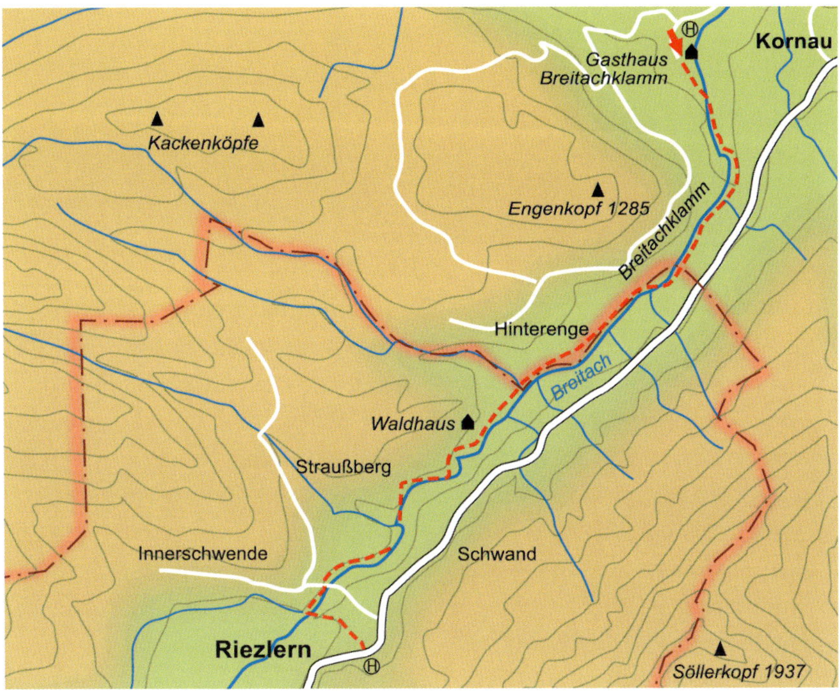

02 Tour 2: Dellermändle und Kuhskelett

Sagenweg von Riezlern nach Hirschegg

Auf einen Blick

Anspruch: 1
Anfahrt: Von Oberstdorf mit dem Auto oder Bus (halbstündliche Verbindung) nach Riezlern.
Gehzeit (ohne Pausen): 1 – 1,5 Std.
Aufstieg: 100 m, **Abstieg:** 40 m
Charakter: Gemütliche Wanderung am Breitachbach entlang durch schattigen Wald. Die Mitnahme eines Kinderwagens ist möglich, er muss allerdings gleich zu Beginn über eine Treppe ca. 50 m weit getragen werden.
Besonderheit: Zahlreiche Figuren am Wegesrand nehmen Bezug auf Sagen aus dem Großen und Kleinen Walsertal, die auf Tafeln beschrieben sind.

Märchenhaft ... geisterhaft ... sagenhaft: Der Sagenwanderweg durch den dunklen Nadelwald im Tal der Breitach verspricht Spannung für Groß und Klein. Figuren tauchen plötzlich im Unterholz auf, eine Kuh schwebt über dem Fluss und auf kleinen Metalltafeln werden Geschichten über seltsame und unheimliche Erscheinungen erzählt. Der Sagenweg beginnt am Ortsende von Riezlern. Zunächst geht man von der Kirche ein Stück weit der Hauptstraße in Richtung Hirschegg entlang und biegt noch vor der großen Brücke links in die Zwerwaldstraße ein. Nach etwa 200 m führt zwischen den letzten Häusern rechts ein schmaler Weg durch die Wiese hinunter zum Wald. Der Wegweiser ist mit „Sagenweg" beschrieben.

Zunächst gilt es, die Stufen hinunter zum Fluss zu überwinden. Das Rauschen des dahinfließenden Wassers sorgt für eine besondere Stimmung, durch die jetzt dicht stehenden hohen Bäume dringt kaum ein Sonnenstrahl bis zum Boden durch. Die Spannung steigt und kurz darauf taucht im Dickicht die erste Sagenfigur auf. Das Dellermändle steht vor euch, einen Leinensack auf dem Rücken und eine Spitzhacke in der Hand. Die Geschichte dazu könnt ihr euch von der Tafel gegenseitig vorlesen.
Kurz darauf kommt ihr zum reichen Walser, der hölzern auf der Käsekiste hockt – die Geister im Zwing haben ihn dazu verdammt. Bei der Hexe von der Grub steht gleich der ganze Wald Kopf, die Baumspitzen stecken in der Erde und die Wurzeln schauen oben heraus.
Beim Ritter auf dem feurigen Ross könnt ihr dann erst einmal eine gemütliche Pause einlegen. Es gibt hier eine ganz besondere Mineralquelle, aus der schwefelhaltiges Wasser durch ein Rohr in einen Holzbrunnen plätschert. Das Wasser ist sehr gesund und gilt bei bestimmten Krankheiten als heilsam, obwohl es schwach nach fauligen Eiern riecht und etwas schwefelig schmeckt. Wer möchte, kann an der Grillstelle auch seine mitgebrachten Würstchen braten. Holz für ein Feuer liegt daneben bereit.

02

Gut gestärkt könnt ihr euch gleich auf die gruseligste Figur des Sagenwegs gefasst machen: Es ist das Skelett einer Kuh, das scheinbar einige Meter hoch über dem Fluss schwebt. In Wirklichkeit ist es natürlich an mehreren Seilen aufgehängt.
Die Sage dazu handelt vom Nachtvolk, das unter Tosen und Heulen, manchmal aber auch von lieblichen Musikklängen begleitet, in die bewohnten Täler zieht.
Die Menschen verschließen dann Türen und Fenster und warten, bis der Spuk vorübergezogen ist.
Einmal nahm das Nachtvolk die schönste Kuh aus einem Stall, briet sie über dem Feuer und verspeiste sie bei einem rauschenden Fest mit Musik und Tanz. Die Leute sollten jedoch die Knochen weder zernagen noch verlieren. Am Ende sammelte das Nachtvolk alle Knochen wieder ein, wickelte sie in die Haut und legte das Ganze zurück in den Stall. Am nächsten Tag stand die Kuh wieder wie zuvor auf der Weide, sie musste nur etwas hinken, da das Nachtvolk

einen Knochen nicht mehr gefunden hatte. Wenn ihr genau hinschaut, könnt ihr sehen, an welchem Bein der Knochen fehlt. Am Ende des Sagenwegs kommt ihr noch zu einem kleinen Spielplatz, an dem ihr auch ein lustiges Spiel mit Holzbrettchen machen könnt. Von hier ist es dann nicht mehr weit nach Hirschegg, der Weg endet direkt an der Kirche. Dort hält auch der Bus, mit dem man nach Riezlern zurückfahren kann.

▶ **Tipp:** Für Familien wie geschaffen ist auch das Gemsteltal. In Innerbödmen beginnt ein abwechslungsreicher Rundwanderweg zu den Alpen Gemstel-Schönesboden und Bernhardsgemstel (1 1/2 – 2 Std.). Beide Alpen sind ausgesprochen kinder- und tierlieb, bieten zudem zahlreiche Spielmöglichkeiten sowie eine deftige Älplerbrotzeit sowie andere Schmankerl aus eigener Produktion. Während des Alpsommers (Mitte Mai – Mitte September) kann dort täglich zwischen 8.30 und 9 Uhr bei der Herstellung des Walser Bergkäses zugeschaut werden (siehe „Die schönsten Alpwanderungen in Vorarlberg" von den gleichen Autoren, erschienen beim lœwenzahn-verlag).

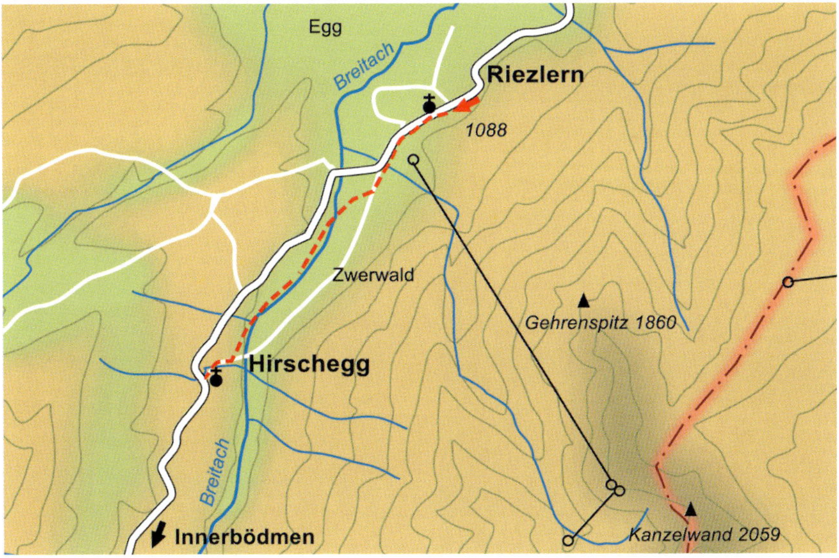

Doppeltour 3 und 4: Durch das Schwarzwassertal zum Hohen Ifen

Weit müssen wir das Kleinwalsertal nicht gen Süden steuern, um die eigenartig geformte Berggestalt des Hohen Ifen im Südwesten zu erkennen. Eigenartig deshalb, weil der langgezogene Gipfelgrat an beiden Seiten jäh abbricht, nach Norden eine kleine Felswand abwirft und ansatzweise an einen Tafelberg erinnert.

Bei diesem Anblick wächst die Lust, diesen stolzen Berg zu erklimmen. Doch aufgepasst: Trittsicherheit und Schwindelfreiheit müssen die großen und kleinen Gipfelstürmer schon im Blut haben, und bei Nässe kann der im Felsbereich abschüssige Steig auf keinen Fall begangen werden.

Bei guten Bedingungen wird die Zweitagestour in Kombination mit einer erholsamen Übernachtung auf der Schwarzwasserhütte jedoch zu einem unvergesslichen Erlebnis.

Tour 3: Das Geheimnis des Schrattenkalks

03

Auenhütte (Schwarzwassertal) – Melköde – Schwarzwasserhütte

Auf einen Blick (1. Tag)

Anspruch: 2 (bis Melköde 1)
Anfahrt: Von Oberstdorf ins Kleinwalsertal, hinter Riezlern Abzweigung in das Schwarzwassertal. Parkplatz an der Auenhütte (Talstation des Ifen-Sesselliftes). Mit dem Bus in Riezlern umsteigen.
Gehzeit: 2 Std. (Melköde 1 Std., Schwarzwasserhütte 1 Std.).
Als Tagestour muss mit dem Abstieg auf gleicher Wegstrecke mit insgesamt 3 1/2 Std. gerechnet werden.
Auf- und Abstieg: 400 Höhenmeter
Charakter: Bis zur Ebene der Melköde auf nur leicht ansteigendem Fahrweg durch den Rüchewald talein, dann auf gut markiertem Steig in Abschnitten steil zur Schwarzwasserhütte.
Besonderheit: Naturlehrpfad Schwarzwassertal (Lehrpfadbegleiter für 3,60 Euro in allen Tourismusbüros erhältlich)
Einkehrmöglichkeiten auf der Strecke: Melköde, Schwarzwasserhütte
Übernachtung: Schwarzwasserhütte (1651 m), geöffnet Weihnachten – Ostern und Pfingsten – Ende Oktober, Tel. 0664-3412457

Die grünen Almwiesen am Fuß der Wand lassen den Berg in einem friedvollen Licht erscheinen. Etwas unheimlich ist nur, dass sein Inneres von zahlreichen unerforschten Höhlen durchsetzt ist. Diese Höhlen konnten sich bilden, weil das in diesem Gebiet vorherrschende kalkartige Gestein, der sogenannte Schrattenkalk, relativ weich und

03

spröde ist. Das Wasser drang im Lauf von Millionen von Jahren immer tiefer in das Gestein ein und hinterließ ein Labyrinth von Gängen und Kammern. Der Schwarzwasserbach etwa bahnt sich seinen Weg nicht durch das Bachbett an der Oberfläche, sondern fließt zum großen Teil unterirdisch. Wenn es einige Wochen nicht regnet, trocknet das Bachbett komplett aus und nimmt den Kindern auf diese Weise einen natürlichen Wasserspielplatz. Doch allzu groß muss in unseren Breitengraden diese Sorge nicht sein.

Im Schwarzwassertal ist auf engstem Raum neben zahlreichen seltenen Pflanzen und Tieren auch geologische Vielfalt geboten. Grund genug für den Verein Landschaftsschutz Kleinwalsertal, einen Naturlehrpfad anzulegen. Leider sind zum Beispiel Bäume und Sträucher nur mit Nummern und nicht mit erklärenden Schautafeln versehen. Abhilfe leistet die Broschüre „Naturlehrpfad Schwarzwassertal", die bei allen Tourismusbüros erhältlich ist. Mit dieser Broschüre können wir einige von der Natur gestellten Rätsel lösen und nebenbei die Heidel- und Himbeeren am Wegesrand ernten. Beim Aufstieg durch den sogenannten Rüchewald sehen wir überall gewaltige Gesteinsbrocken herumliegen. Sie sind vor vielen tausend Jahren vom Hohen Ifen herabgestürzt und bilden heute zusammen mit dem nicht geschlossenen Wald eine märchenhafte Kulisse. Nicht nur Obelix hätte an diesen haushohen „Hinkelsteinen" seine Freude gehabt, auch den geschickten „Klettermaxen" juckt es in den Fingern. Doch abseits der Wege ist Vorsicht geboten: Felsritzen und Gestrüpp bieten den idealen Lebensraum für die schwarze Teufelsotter. Diese Kreuzotterart ist zwar menschenscheu, zählt aber auch zu den giftigsten Schlangen Europas. Vielleicht ziehen wir es

03

deshalb besser vor, die Rote Waldameise am Wegesrand dabei zu beobachten, wie sie leichtfüßig Beute vom Vielfachen ihrer Körpergröße in die Vorratskammer ihrer Kolonie abtransportiert.

An manchen Stellen führt der Weg direkt an den Schwarzwasserbach heran. Gleich mehrere flache Wiesen laden in Ufernähe zum Verweilen ein. Der Bach taugt zwar allenfalls für ein Fußbad, doch bereits das Barfußlaufen auf den Steinen macht Spaß. An seichten Stellen lassen sich mit etwas Glück kleinere Bachforellen, Kaulquappen und Bergmolche aufspüren. Den Larven des Bergmolches ist es übrigens selbst im Winter unter der Eisdecke nicht zu kalt. Augen auf, ob ihr einen seltenen Vogel seht: Die dunkle Wasseramsel mit ihrem auffälligen weißen Kehlfleck. Wenn nicht, vertreibt die Kühe nicht, die an heißen Tagen am Bach Erfrischung suchen.

Noch mehr Vieh grast an der Melköde, die am äußeren Rand einer weiten Ebene liegt. Während der Schneeschmelze und nach heftigen Regengüssen verwandelt sich die zum Teil moorige Ebene in eine weitläufige Seenlandschaft. Der Schwarzwasserbach, zuvor als

03

Wasserfall zu Tale gestürzt, sucht sich hier seinen Weg und taucht dann am Rand der Rüche durch mehrere Felslöcher in den Untergrund ab. Eindrucksvoll zeigt sich von der Öde auch das Felsmassiv des Hohen Ifen. Das Ziel des Folgetages vor Augen, ist der Schlussanstieg nach einer stärkenden Sennerbrotzeit aus Bergkäse und Topfen zur Schwarzwasserhütte rasch zurückgelegt. Teile des Hüttenweges werden aufwändig mit Holzstämmen gestützt, damit der Hang bei Unwettern nicht ins Rutschen gerät. Die Erosionsgefahr ist groß, weshalb die Trampelpfade neben dem Hauptweg für den Wanderer ein Tabu sein sollten. Auf der Schwarzwasserhütte, deren Versorgung durch die Materialseilbahn sichergestellt wird, ist zünftige Hüttenatmosphäre angesagt. Nachdem die Tagesgäste das Weite gesucht haben, sind die Bergsteiger ganz unter sich. Am späten Nachmittag könnt ihr noch die nähere Umgebung unsicher machen, bevor in der gemütlichen Stube erst zu Abend gegessen, dann gespielt wird. Wenn ihr müde seid, zieht ihr euch in die Matratzenlager zurück und erzählt euch Gute-Nacht-Geschichten.

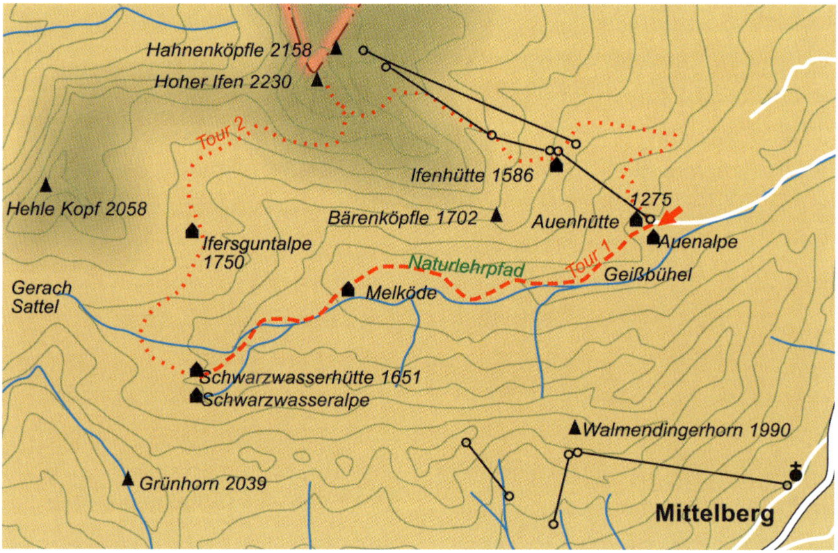

Tour 4: Überschreitung des Hohen Ifen

04

Schwarzwasserhütte – Ifersguntalpe – Hoher Ifen – Ifenhütte – Auenhütte

Auf einen Blick (2. Tag)

Anspruch: 3 (nur für Geübte!)
Gehzeit: 4 1/2 Std. (Ifersguntalpe 3/4 Std. – Hoher Ifen 1 3/4 Std. – Ifenhütte 1 1/2 Std. – Auenhütte 1/2 Std.)
Aufstieg: 650 Höhenmeter
Abstieg: 1050 Höhenmeter
Charakter: Von der Schwarzwasserhütte durch mehrere Tobel ohne nennenswerte Steigung auf etwas glitschigem Steig zur Ifersguntalpe. Weiter im Bogen zum Gipfelaufbau des Ifens und nach Querung der zum Teil drahtseilgesicherten Felsstufe über steile Wiesen zum Gipfel.
Der Abstieg führt durch die felsige Nordflanke in das flache Ifenbecken (Drahtseile) und durch das Skigebiet über die Ifenhütte auf den Fahrweg zur Auenhütte. Nur bei trockenen begehbaren Verhältnissen!
Besonderheiten: Tiere auf der Ifersguntalpe, Kletterstellen am Hohen Ifen, Gesteinsformationen
Ifenlift: Der Schlussabschnitt von der Ifenhütte zur Auenhütte kann mit der Doppelsesselbahn zurückgelegt werden (letzte Talfahrt 16.30 Uhr, Erwachsene 3,50 Euro, Kinder 2 Euro).
Einkehrmöglichkeiten auf der Strecke: Ifersguntalpe, Ifenhütte

04

Der 11-jährige Florian kennt den Anblick des Hohen Ifen bei jedem Wetter, bei jedem Licht. Seit einigen Jahren schon hilft er der Sennerfamilie Günther und Manuela Troy im Sommer bei der täglichen Arbeit auf der Ifersguntalpe, von der aus der Berg zum Greifen nahe erscheint. Die ein Jahr ältere Sennertochter Birgit unterstützt ihn dabei, schließlich gibt es bei über 200 Kühen, zwei Schweinen, vier Ziegen und neun Hühnern hier jede Menge zu tun. Wind und Wetter gilt es in dieser unwirtlichen Höhe zu trotzen, auch im Sommer wird es zuweilen empfindlich kalt. Ob Florian schon einmal auf dem Gipfel war? Klar doch, das erste Mal mit sieben Jahren.

Es fällt schwer, sich von der sonnigen Alpterrasse nach einem zweiten Frühstück wieder auf die Socken zu machen: Diese Ruhe und Abgeschiedenheit, der leckere Ziegenkäse und dazu all die lieben Tiere um uns herum. Doch der Berg ruft und der Anstieg zieht sich noch ein wenig in die Länge.

04

Zunächst verläuft der Weg wie bereits zur Alpe recht gemütlich, fast scheint es so, als ob uns die vielen bunten Schmetterlinge Flügel verliehen. Üppig blühende Blumen wiegen sich im Wind, und mit jedem Schritt rücken wir dem Berg auf den Pelz.
Am Fuß des Berges stoßen wir auf markante, im Lauf von Millionen Jahren vom Regen- und Schmelzwasser gerundete Felsformationen. Es fällt nicht leicht, sich in dieser Höhe vorzustellen, dass dieses Riffgestein vor ganz langer Zeit von Meerwasser überspült war. Teilweise kann man auf der Gesteinsoberfläche noch die Umrisse von Muscheln, Schnecken und Korallen erahnen, die sich seinerzeit an den Fels geklammert haben. Die meisten Felsen verstecken sich jedoch unter einer dicken Gras- und Pflanzendecke. Auf der anderen Seite des Berges ist das ganz anders, das werdet ihr vom Gipfel aus sehen.
Diesen Gipfel gilt es jetzt zu erklimmen, es folgt der finale Kraftakt. Steil windet sich der Steig empor, der ausgedehnte schuttreiche Südhang des Ifens wird gequert. An manchen Stellen nehmen wir die Hände zu Hilfe, um uns an den Drahtseilen und Felsen festzuhalten. Doch keine Angst, die kniffligen Stellen sind kurz und weiter oben wer-

den wir dem verwitterten Geröll entrinnen und auf der großen Gipfelwiese stehen. Wie klein doch von hier oben die Schwarzwasserhütte erscheint, auf der wir genächtigt haben.
Mit kräftigem Puls erreichen wir oberhalb einer Weggabelung den kreuzgeschmückten Gipfel. Nach Norden zu bricht der Berg abrupt ab, atemberaubende Tiefblicke tun sich auf.

Wer vor Höhenangst gefeit ist, kann sich auf dem Bauch robbend ein kleines Stück über die Felskante beugen. Gut zu erkennen ist das weitläufige Gottesackerplateau, eines der größten Karrenfelder der Alpen. Großartig ist auch die Aussicht auf die Allgäuer und Lechtaler Alpen, die mit zahlreichen dunklen Spitzen kühn in den Himmel ragen. Und auch die in der Sonne leuchtenden Glet-

scherfelder der Silvretta sind nicht zu übersehen.
Nach der verdienten ausgiebigen Brotzeit und Gipfelschau gehen wir zur Weggabelung zurück und nehmen dann den linken Weg in Richtung Ifenhütte und Auenhütte. Der Weg führt ein Stück weit an der Abbruchkante des Ifens entlang, bevor der steilste Abschnitt des Abstiegs durch einen markanten Einschnitt in der Gipfelmauer in die sichtbare Ifenmulde erfolgt. Wieder geben uns einige Drahtseile Halt.

Unten angelangt, folgen wir dem langgezogenen Kar im Schatten der Ifenabstürze abwärts. Dieses Kar war während der Eiszeit von einem Gletscher ausgefüllt, ein gut erhaltener Endmoränenkranz in 1720 m Höhe ist ein stummer Zeuge dieser Zeit.
Über den Endmoränenrücken führt die Route auf einen asphaltierten Weg, der uns zur Ifenhütte leitet. Von hier gelangt man auf dem Fahrweg oder alternativ mit dem Sessellift zum Ausgangsort.

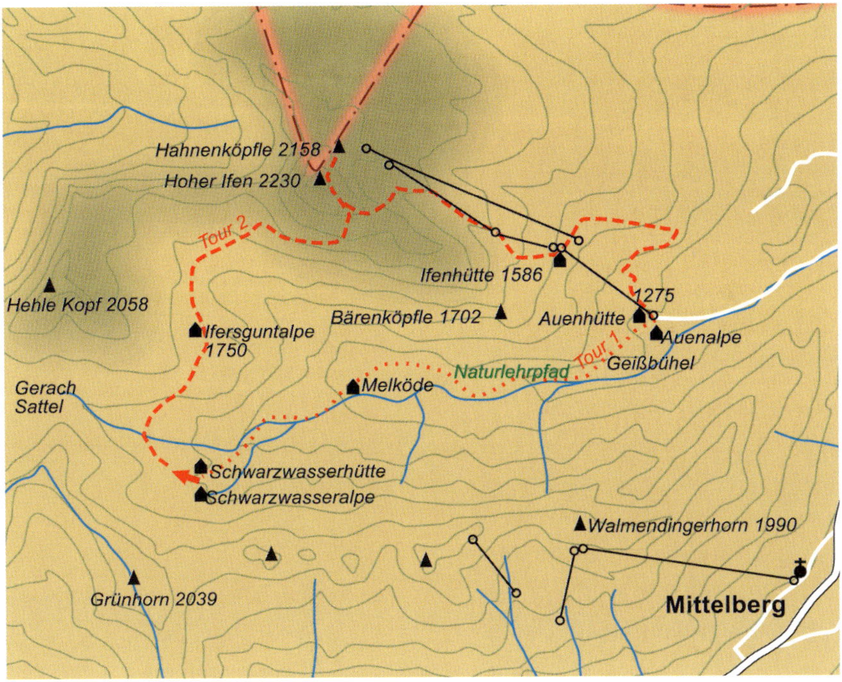

Bodensee-Alpenrhein

Die Berge rücken an den Bodensee heran

Die Region südlich des Bodensees bietet die größte landschaftliche Vielfalt in ganz Vorarlberg. In der flachen Rheinebene ist es besonders sonnig und der Bodensee lockt mit einem kühlen Bad. Hier gedeihen Weintrauben und in den Naturschutzgebieten sind seltene Tiere und Pflanzen zu sehen. Tief eingeschnittene Schluchten bei Dornbirn vermitteln einen guten Eindruck über die Kraft der Natur. Östlich von Rankweil schließlich laden die ersten großen Berge zu einer Bergtour ein.

Information: Bodensee-Alpenrhein Tourismus, Römerstraße 2, 6900 Bregenz, Tel.05574-43443, Fax 05574-434434, service@bodensee-alpenrhein.at, www.bodensee-alpenrhein.at

Bodensee Erlebniskarte:
Freier Eintritt bei 170 Attraktionen in Österreich, Deutschland, der Schweiz und in Liechtenstein sowie freie Fahrt auf den Bodensee-Schiffen. Die Region Bodensee-Alpenrhein ist mit 18 Anbietern vertreten, darunter Pfänder- und Karrenbahn, Kunsthaus Bregenz und Rolls-Royce Museum.

Karte: Kompass Wanderkarte 2, Bregenzerwald-Westallgäu, 1:50.000

05 Tour 5: Der Käselehrpfad auf dem Pfänder

Pfänder Bergstation – Trögen – Alpe Hochberg – Lutzenreuthe – Eichenberg – Pfänder

Auf einen Blick

Anspruch: 1
Anfahrt: Mit der Pfänderbahn von Bregenz täglich 9 – 19 Uhr, Auskunft unter 05574-43316, www.pfaenderbahn.at
Gehzeit: knapp 4 Stunden (Pfänder Bergstation – Einstieg Käselehrpfad 20 Min., Lutzenreuthe 1 1/2 Std, Eichenberg 1 Std., Pfänder Bergstation 1 Std.)
Auf- und Abstieg: 250 Höhenmeter
Charakter: Gemütliche Wanderung zuächst auf einer asphaltierten Wirtschaftsstraße bis zum Einstieg auf den Käselehrpfad, dann auf gut begehbaren Waldpfaden in einem munteren Bergauf und Bergab mit abschließendem steilen Abstieg bis Lutzenreuthe. Dort folgt ein längerer steiler Abstieg auf einem schmalen Wanderweg mit anschließend ebenso steilem Aufstieg nach Eichenberg; wer diesen umgehen will, kann auch die asphaltierte Straße nehmen. Von Eichenberg zurück zur Bergstation auf dem Pfänder etwa 40 Min. stetig ansteigend auf einem Waldpfad.
Besonderheit: Alpenwildpark auf dem Pfänder (ca. 1/2 Std. Rundweg), immer zugänglich, Adlerwarte auf dem Pfänder, tgl. 11 und 14.30 Uhr Flugvorführungen.
Einkehrmöglichkeiten auf der Strecke: Tröger Stüble, Imbiss und Käsegerichte, Fr Ruhetag; Gasthof Paradies, Lutzenreuthe, Di Ruhetag; mehrere Gasthöfe in Eichenberg.

05

Gerade einmal sechs Minuten braucht die Pfänderbahn, um euch von Bregenz hinauf zur Bergstation zu bringen. Durch die großen Glasscheiben könnt ihr deutlich sehen, wie der Bodensee immer kleiner wird, oben auf dem Pfänder seid ihr immerhin 600 m höher als der See. Zu Fuß hättet ihr dafür mindestens zwei Stunden gebraucht und wärt dann ganz außer Atem. So seid ihr noch ganz ausgeruht und könnt gleich voller Tatendrang loslegen.
Schon von der Bahn aus habt ihr vielleicht die Rehe und Hirsche am Berghang stehen sehen – sie gehören zum Alpenwildpark, den ihr entweder vor oder nach der Wanderung auf dem Käselehrpfad unbedingt noch besuchen müsst. Die Runde durch den Alpenwildpark dauert nicht lange und ist kostenlos. Direkt neben der Bergstation seht ihr gleich das Gehege der Hasen, die dort über den Rasen hoppeln. Gleich daneben meckern die Zwergziegen, die ihr natürlich streicheln dürft. Nach den Hängebauchschweinen kommen die Steinböcke, die je nach Lust und Laune auf den Felsbrocken ihre Kletterkünste zeigen. Laut geht es im Hirschgehege zu,

05

wenn im Oktober die Hirsche zur Brunftzeit mit dem Röhren beginnen. Das Geweih stolz nach hinten gereckt, gibt ein Tier lautstark etwa drei Sekunden lang einen lauten, knurrenden Ton von sich, der zwei unterschiedliche Bedeutungen hat: Zum einen möchte es damit die weiblichen Tiere anlocken und zum anderen gegenüber anderen Hirschen sein Revier anzeigen. Nähert sich ein Herausforderer, so kommt es zwischen den beiden Rivalen zu einem Kampf, bei dem beide Tiere mit den Geweihen voraus aufeinander zuspringen und versuchen, sich gegenseitig wegzudrängen. Der Schwächere gibt dem Druck des Stärkeren nach und räumt freiwillig den Platz.

Friedlicher geht es da bei den Murmeltieren zu, in deren Gehege von Mitte Oktober bis Mitte März überhaupt kein Tier zu sehen ist. Vollgefressen haben sich die Bergbewohner in ihr weitverzweigtes Höhlensystem unter die Erde zum Winterschlaf zurückgezogen.
Unterwegs seid ihr auch am Eingang der Adlerwarte vorbeigekommen, in der zweimal am Tag die Greifvögel in voller Aktion zu sehen sind. Vor den Augen der Zuschauer fliegt pfeilschnell Iwan, der Sakerfalke, heran, schnappt sich im Flug ein vom Falkner hochgeworfenes Stück Futter und ist blitzschnell wieder weg. Das Spektakel wiederholt sich so lange, bis sich der Falke sattgefressen hat, dann kehrt er freiwillig wieder zurück und lässt sich in seinen Käfig bringen.
Anders Felix, der rote Milan: Von ihm wird erzählt, dass er manch-

mal auf der Restaurantterrasse bei der Bergstation eine Zwischenlandung einlegt und sich ein Schnitzel vom Teller eines Gastes klaut. Am beeindruckendsten sind Lotte und Oskar, die beiden Gänsegeier, sowie der Steppenadler Lara mit seinen riesigen Flügeln. Die Flugvorführung dauert etwa 40 Minuten, danach könnt ihr die Tiere noch in ihren Käfigen ganz aus der Nähe anschauen.

Doch nun zur Wanderung auf dem Käselehrpfad. Er trägt seinen Name deshalb, weil er durch das Weidegebiet der Vorarlberger Milchküche führt, aus deren Milch verschiedene Arten von Käse hergestellt werden. Von der Bergstation aus folgt ihr zunächst der Asphaltstraße in Richtung Möggers, die direkt hinter dem Spielplatz beginnt. Ihr müsst nur dem Wegweiser folgen, der mit „Käselehrpfad" beschriftet ist. Nach etwa 20 Minuten kommt ihr noch vor dem Ort an einen Weg, der links von der Teerstraße in den Nadelwald hinaufführt. Ihr könnt ihn nicht verfehlen, denn er ist mit einem gut sichtbaren Wegweiser markiert.

Ihr folgt jetzt dem Weg durch den schattigen Wald, mal geht es leicht bergauf, dann wieder etwas bergab. Auch der Waldweg ändert sich laufend, ein Stück weit ist er breit und eben, dann wiederum müsst ihr an engen und schmalen Stellen über dicke Baumwurzeln hinweg steigen. Unterwegs findet ihr immer wieder große Tafeln, auf denen Interessantes über den Vorarlberger Käse erklärt wird. Kurz vor Trögen kommt ihr auf eine Asphaltstraße, die ein kurzes Stück steil den Berghang hinaufführt. Oben angekommen versperrt ein Weidezaun den Weg, ihr könnt durch eine kleine Seitentür auf die Weide gelangen und dort weiterwandern. Ihr begegnet jetzt zahlreichen Kühen, die alle zur Alpe Hochberg gehören. Dort angekommen, findet ihr etwas links von der Alpe einen schönen gemütlichen Rastplatz, an dem ihr eure mitgebrachten Köstlichkeiten verzehren könnt.

Nach Lutzenreute geht es jetzt steil bergab, beim Gasthof Paradies müsst ihr euch links halten. Kurz darauf kommt auf der rechten Seite die Sennerei Lutzenreute, die täglich von 7 – 12 Uhr und Mo, Mi, Fr und Sa auch von 17.30

05

– 19.00 Uhr Bergkäse, Frischkäse und Butter anbietet. Hier könnt ihr auch fragen, ob ihr beim Käsemachen zuschauen dürft.
Der Käselehrpfad ist in Lutzenreute zuende, für den Rückweg zum Pfänder gibt es einen etwas kürzeren Weg über Eichenberg. Dazu nehmt ihr im Ort den Wanderweg Nr. 5, der zunächst etwas steil in das Tal des Ruggbachs hinabführt. Auf der anderen Seite des Bachbetts geht es dann wieder hinauf nach Eichenberg, wo ihr euch in mehreren Gasthöfen nochmals stärken könnt. Der weitere Weg führt zunächst über Alpwiesen und später durch den Wald immer leicht bergauf, nach etwa 40 Minuten kommt ihr direkt am Anfang des Käselehrpfads wieder heraus. Den Rest zurück zur Bergstation kennt ihr schon. Wer sich noch fit fühlt, kann von dort den Gipfel des Pfänders erklimmen, das dauert höchstens 5 Minuten. Dort habt ihr dann den höchsten Punkt der Wanderung erreicht.

Museum Rhein-Schauen

Eintauchen in ein Museum ...

der nächsten Generation: Rhein-Schauen. Den besonderen Kick bekommt das Museum Rhein-Schauen im Bauhof Lustenau durch seine ungewöhnliche Kombination von Werkhof, Ausstellung und Dienstbahn. Information – unterhaltsam und abwechslungsreich rübergebracht. Endlich ein Museum, das Spaß bringt. Es macht Geschichte lebendig und erklärt alle Fragen rund um Vater Rhein. Warum gibt es Hochwasser und Überschwemmungen? Diese Frage wird genau so erklärt wie die politischen Hintergründe für die Rheinregulierung. Natürlich wird das Spannungsfeld zwischen Hochwasserschutz und Ökologie beleuchtet. Das gehört schließlich auch dazu. Und ein Exkurs mit futuristischen Gebilden zeigt, wie die Zukunft des Rheins aussehen könnte. Sie müssen nicht baden gehen, um die vielen Gesichter des Rheins kennen zu lernen: Der Rhein ist Hauptwasserlieferant, Lebensraum, Stromversorger, aber auch Dämon und mächtiger Zornesgott.

Die Berufs- und Sportfischerei von Bodensee und Alpenrhein wird in einer neuen Sonderausstellung „fisch.leben" vorgestellt. In einem attraktiven „Fischtunnel" sehen wir lebende Fische aus Rhein und Bodensee.

Öffnungszeiten:
4. Mai bis 12. Oktober 2003
Mittwoch, Freitag, Samstag, Sonntag 13 Uhr bis 17 Uhr
Sonderausstellung „fisch.leben" ist zusätzlich vom 8. - 29. Juni 2003 (9 - 17 Uhr) ganztägig geöffnet

Sonderfahrten und Führungen für Gruppen auf Anfrage sind möglich.

Museum Rhein-Schauen, Höchsterstraße 4, A-6893 Lustenau
Tel.: +43(0)5577/82395-18, Fax: +43(0)5577/82395-20
www.rheinschauen.at, e-mail: verein@rheinschauen.at

06 Tour 6: Im Bodensee baden und im Museum Rhein-Schauen rein schauen

Rheindeltahaus bei Fussach – Rheinmündung – Rohrspitz – Höchst – Rheindeltahaus

Auf einen Blick

Anspruch: 1
Anfahrt: Mit dem Auto nimmt man die Bundesstraße Bregenz – Fussach, zweigt unmittelbar nach der Rheinbrücke rechts ab und folgt der Straße entlang des Rheindamms. Nach etwa 1,5 km zweigt eine Straße links ab zum Rheindeltahaus, wo es einen großen Parkplatz gibt. Mit dem Rad fährt man von Bregenz auf dem Bodensee-Rundradweg in Richtung Schweiz und zweigt ebenfalls nach der Rheinbrücke rechts zum Rheindeltahaus ab.
Gehzeit: Zu Fuß dauert der Rundweg vom Rheindeltahaus zur Rheinmündung und über Rohrspitz und Höchst etwa 3 Std. (Rheindeltahaus – Rheinmündung und zurück 1 Std., Rohrspitz 45 Min., Höchst 45 Min., Rheindeltahaus 30 Min.) Mit dem Rad braucht man von Bregenz zum Rheindeltahaus etwa 40 Minuten. Die Rundtour ist mit dem Rad in 1,5 Std. gut zu schaffen. Vom Rheindeltahaus zum Museum Rhein-Schauen sind es mit dem Rad etwa 20 Minuten und von dort zurück nach Bregenz etwa 50 Minuten.
Charakter: Flache Streckenwanderung. Das Stück bis Rohrspitz verläuft auf gut befestigten Wegen ohne Autoverkehr, danach geht es bis Höchst auf einer wenig befahrenen asphaltierten Autostraße. Die gesamte Strecke ist auch mit dem Fahrrad zu befahren, das Stück

06

vom Rheindeltahaus bis Rohrspitz ist bequem mit dem Kinderwagen zu machen.
Besonderheit: Museum Rhein-Schauen, Höchsterstr. 4, Lustenau, Tel. 05577-823958, www.rheinschauen.at, Anfang Mai – Mitte Oktober Mi, Fr, So, So und Feiertage 13 – 17 Uhr, 13.30 Uhr Museumsführung. 15 Uhr Zugfahrt mit Dampf- bzw. E-Lok zur Rheinmündung mit 45 Min. Aufenthalt im Mündungsgebiet.
Rheindeltahaus, Im Böschen 25, Hard, Tel. 05578-74478, www.rheindelda.com, Mo – Fr 14 – 17 Uhr, Sa und So 11 – 17 Uhr. Servicestelle des Naturschutzgebiets, Auskünfte, geführte Exkursionen und Informationsmaterial, wechselnde Ausstellungen.
Einkehrmöglichkeiten auf der Strecke: Seerestaurant Salzmann, Rohrspitz, Tel. 05578-75708, tgl. geöffnet, Camping, Bademöglichkeit, Kinderspielplatz.

Ruhig und fast gemächlich fließt der Rhein westlich von Bregenz in den Bodensee. Das war nicht immer so. Aus dem Jahr 1888 wird etwa von einer verheerenden Überschwemmung berichtet, die das Gebiet um Fussach und Lustenau komplett unter Wasser setzte. Felder, Ernte und Häuser wurden dabei zerstört, erst Wochen später ging das Wasser langsam wieder zurück. Die Rheinmündung bei der schweizerischen Ortschaft Rheineck war nicht reguliert, und der sich dahinschlängelnde Fluss nahm nach jeder Flut einen etwas anderen Verlauf. Um die fast jährlich wiederkehrende Überflutung zu verhindern, wurde 1892 mit dem Bau der Rheinregulierung begonnen, acht Jahre später floss erstmals der Neue Rhein über den neu errichteten Kanal bei Fussach in den Bodensee, während der Alte Rhein weiterhin bei Rheineck mündet.
Noch heute ist das technische Werk zu bewundern, auf dem Damm entlang des Kanals sind Fußgänger- und Radwege errichtet. Im Museum Rhein-Schauen werdet ihr später noch viel Interessantes über das Jahrhundert-Bauwerk erfahren. Doch zunächst

06

wollen wir uns der Flussmündung zuwenden: Der Rhein führt nämlich nicht nur jede Menge Wasser mit sich, sondern bringt jedes Jahr mehrere Millionen Tonnen feinster Schwebstoffe mit aus den Bergen, die sich im Mündungsgebiet am Boden ablagern. So kommt es, dass der Bodensee bei Fussach immer flacher wird und sich sogar kleine Inseln bilden. Diese Inseln sind das ideale Brutgebiet für

Tausende von Wasservögeln, die hier von den Menschen ungestört leben können.

Wenn ihr vom Rheindeltahaus am Flussdamm entlang in Richtung Bodensee wandert, werdet ihr schnell die vielen Schwäne und Enten sehen können. Aber auch viele kleinere Vögel haben im Schilf ihre Heimat gefunden, mehr als 300 unterschiedlichen Arten sind hier schon beobachtet worden. Viele davon brüten und leben den Sommer über im hohen Norden Europas und ziehen hierher, um zu überwintern. Besonders am Wochenende könnt ihr viele Ornithologen, so nennen sich die Vogelkundler, sehen, die mit großen Fernrohren die Tiere beobachten. Aber auch mit bloßem Auge gibt es unzählige Vögel zu beobachten. Ihr dürft euch nur langsam dem Schilfgebiet nähern, um die scheuen Tiere nicht zu verscheuchen. Außerdem leben im Gebiet der Rheinmündung über 700 verschiedene Schmetterlingsarten und 40 unterschiedliche Libellenfamilien.

Zurück im Rheindeltahaus solltet ihr unbedingt die Ausstellung anschauen. Auf vielen Schautafeln gibt es dort einiges über die Vogelwelt zu erfahren. Die freundlichen Mitarbeiter sind gerne bereit, euch bestimmte Dinge zu erklären, die ihr wissen wollt. Wenn ihr euch satt gesehen habt, steht als nächstes ein Bodenseebesuch auf der Tagesordnung. Die Wanderung dorthin dauert etwa eine Dreiviertelstunde, der Weg ist mit „Rohrspitz" ausgeschildert. Unterwegs kommt ihr an einigen Wiesen vorbei, auf denen im Sommer die dunkelblau blühenden Sibirischen Schwertlilien stehen oder das Wollgras, dessen weiße Blüten wie feine Wollfäden im Wind flattern. Sobald ihr den Bodensee beim Seerestaurant Salzmann erreicht habt, könnt ihr wählen, was es zuerst gibt: Ein Eis, auf dem Spielplatz herumtollen oder im See baden. Wer zu Fuß unterwegs ist und sich nicht mehr sonderlich fit fühlt, kann auf dem gleichen Weg zurück zum Rheindeltahaus wandern. Die andern nehmen den etwas weiteren Weg über Höchst, auf dem sie noch etwas länger durch die Wiesen und entlang der Streuobstbäume wandern. Das gleiche gilt für die Radler, die geradeaus durch Höchst fahren, bis sie auf den Radweg entlang der Autobahn kommen und diesem bis zur Rheinbrücke bei Höchst-Lustenau folgen. Direkt hinter der Brücke geht es dann nach rechts und knapp einen Kilometer später kommt schon das Museum Rhein-Schauen, das die Wanderer vom Rheindeltahaus aus mit dem Auto ansteuern.

Im Museum Rhein-Schauen gibt es Technik zum Anfassen, hier könnt ihr durch die alten Werkshallen gehen, in denen es noch nach alter Farbe und Öl riecht, und die Maschinen bestaunen, mit denen vor über 100 Jahren der Rheinkanal mit den hohen

06

Dämmen auf beiden Seiten gebaut worden ist. Im Museum seht ihr viele alte Bilder, auf denen die Arbeiten von damals zu sehen sind. Am schönsten ist es allerdings, wenn die alte Dampflok aus dem Schuppen geholt wird. Mit lautem Pfeifen gibt Hansjörg Lässig, der Lokführer, das Zeichen zur Abfahrt und unter Volldampf setzt sich der Zug in Bewegung, etwa 30 Minuten später ist die Rheinmündung erreicht. Dort wird erst einmal eine Pause eingelegt, und 45 Minuten später dampft die Bahn wieder zum Museum zurück.

Dort könnt euch ihr noch eine Weile auf dem Spielplatz tummeln und am Kiosk eine Kleinigkeit essen und trinken. Wer mit dem Fahrrad aus Bregenz gekommen ist, fährt am rechten Rheinufer zunächst etwa 2 km zurück bis zur Rheinbrücke bei Fussach und folgt dann dort dem Bodensee-Rundradweg zurück nach Bregenz.

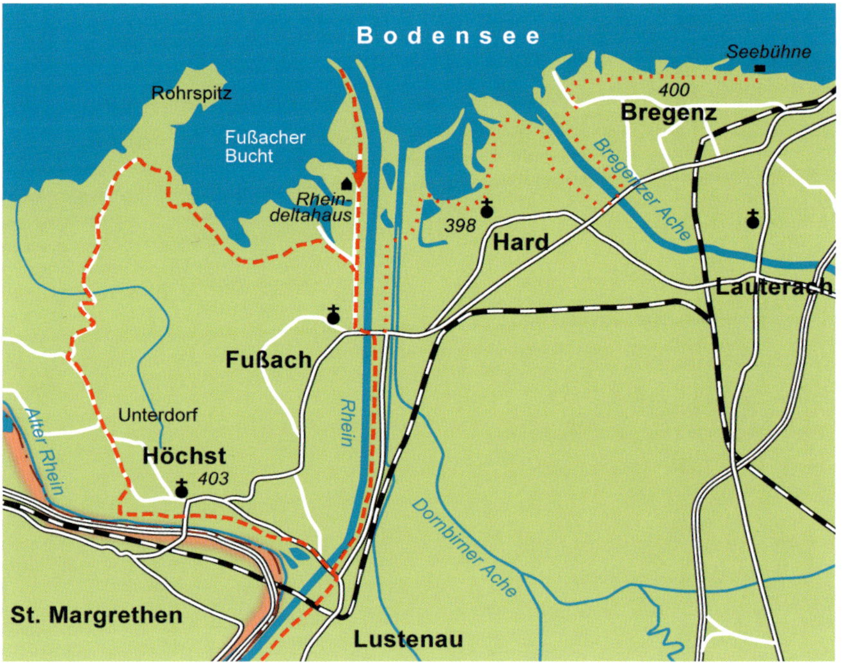

Rosa Beer, Regina Schwärzler

Vorarlberger Bäuerinnen kochen

Einfach gute Rezepte

208 Seiten, € 18,00/sfr 32,80
ISBN 3-900521-18-2

Kochen Sie sich quer durch die Vorarlberger Küche!

Eine schmackhafte Exkursion in die Vorarlberger Küche in verführerischer Vielfalt: über 250 traditionelle Rezepte der original Vorarlberger Küche mit ihrer typischen Offenheit für die benachbarten Regionen. Auf gesunde, ausgewogene Ernährung und die schonende Zubereitung der Gerichte legen die Autorinnen großen Wert. Heimische Produkte und Zutaten werden besonders berücksichtigt. Mit einem Verzeichnis der Bauernmärkte in Vorarlberg im Anhang.

Rosa Beer und Regina Schwärzler haben für Sie diese Rezepte gesammelt. Sie finden in diesem Kochbuch die ganze Fülle der Vorarlberger Küche – bekömmliche Hausmannskost ebenso wie kulinarische Raritäten.

Die Rezepte sind bewährt und leicht nachzukochen, die Zutaten sind überall erhältlich. Mit vielen Tipps und Tricks!

Bestellen Sie unsere Bücher portofrei mit Rechnung über unsere Homepage:
www.loewenzahn.at

07 Tour 7: Ein Wald voller Geheimnisse

Buchans – Walderlebnispfad – Schönsteinhof – Rucksteig – Höflings – Buchans

Auf einen Blick

Anspruch: 1
Anfahrt: Mit dem Auto von Bregenz über Eichenberg nach Weienried und von dort in den Ortsteil Buchans. Über einen ausgeschilderten Schotterweg ist der Parkplatz am Beginn des Walderlebnispfads zu erreichen. Mit dem Bus nimmt man die Linie 11 Bregenz – Scheidegg und steigt in Weidenried an der Haltestelle „Gemeindehaus" aus. Auf dem Rückweg kann man schon an der Haltestelle „Gasthof Bantel" einsteigen.
Gehzeit: 2 1/2 Stunden (Buchans – Waldhütte 1 Std., Rucksteig 30 Min., Höflings 20 Min., Buchans 45 Min.)
Auf- und Abstieg: 200 Höhenmeter
Charakter: Gemütliche Familienwanderung durch einen verwunschenen Wald
Besonderheit: Bademöglichkeit in einem kleinen Dorfweiher in Rucksteig
Einkehrmöglichkeiten auf der Strecke: Gasthof Bantel, Rucksteig, Tel. 05573-8223317.

„Mit Bäumen kann man wie mit Brüdern reden ...", sagte einmal der bekannte Schriftsteller Erich Kästner. Dies ist auch ein Motto beim Walderlebnispfad, der ein besonderes Erlebnis sowohl für Kinder jeden Alters als auch für Erwachsene darstellt. Wer mit dem Fahrrad

07

oder Auto kommt, kann sein Fahrzeug direkt am Beginn des Walderlebnispfads abstellen. Der Weg dorthin ist beschildert. Fahrräder müssen ebenfalls beim Parkplatz zurückbleiben, denn an einigen Stellen ist der Weg recht schmal und etwas schwierig zu begehen.
Der Walderlebnispfad hat gerade erst begonnen, da lockt auf der linken Seite gleich die erste Aktivität: Kleine, mittlere und große Trommeln sind zwischen Holzbalken aufgespannt, denen ihr mit Stäben oder mit den Händen klangvolle Töne entlocken könnt. Es macht richtig Spaß, hier nach Herzenslust zu trommeln. Wenn ihr Lust habt, kann sich jeder von euch an eine andere Trommel stellen; vielleicht gelingt euch ja ein interessantes Zusammenspiel.
An der nächsten Stelle steht eine große Blockhütte, deren Wände sich beliebig verändern lassen. Hier könnt ihr eurer Fantasie freien Raum lassen und einmal ein Haus ganz nach euren Wünschen und Vorstellungen räumlich aufteilen. Wenn ihr euch mit den Seilen über den Bach geschwungen habt, könnt ihr schon von weitem den Wasserfall rauschen hören. Hier ist die Stelle, an der ein so genannter Inspirationsrundweg beginnt. Auf einer etwa 20 Minuten dauernden Runde wird das Walderlebnis noch intensiver spürbar: Ihr bewegt euch auf naturbelassenen Pfaden, mitunter kann es nach Regentagen etwas rutschig werden, sodass ihr eure Hände zu Hilfe nehmen müsst. Dafür kommt ihr direkt hinter dem Wasserfall vorbei; das Wasser rauscht wie ein riesiger Vorhang direkt vor eurer Nase herunter. An

07

einer anderen Stelle könnt ihr über zwei Drahtseile, die über den Bach gespannt sind, in luftiger Höhe das Wasser überqueren, was nicht ganz einfach ist.
Links und rechts vom Weg gibt es allerlei zu sehen, Pflanzen, Pilze, Schnecken, manchmal sind auch Kröten unterwegs, und mit etwas Glück begegnet ihr sogar Otti, dem Fischotter. Zurück auf dem Hauptweg könnt ihr euch erst einmal zum Ausruhen in eine der Hängematten legen, die dort zwischen den Bäumen gespannt sind. Während die Matte langsam hin und her schaukelt, schaut euch einmal die Baumwipfel genau an, die sich schön vom hellen Himmel abheben. Jeder Wipfel hat eine etwas andere Form, insbesondere die von den Nadelbäumen unterscheiden sich stark von denen der Laubbäume.
Im weiteren Verlauf des Walderlebnispfads kommt ihr an der Waldhütte vorbei, wo eine weitere Überraschung wartet. Es gilt anhand der Stämme die Namen der Bäume zu erraten, was manchmal recht schwierig ist. Selbst die Erwachsenen tun sich bei manchen Bäumen schwer. Wenn ihr die Namen nicht herausbekommt, könnt ihr ja hinten auf der Tafel nachschauen.

Etwas unerwartet endet kurz darauf leider der Walderlebnispfad, auf einer normalen Nebenstraße kommt ihr am Schönsteinhof vorbei nach Rucksteig, wo es eine Einkehrmöglichkeit gibt. Außerdem lädt dort der kleine Dorfweiher zum Baden ein, sogar ein kleines Sprungbrett ist da. Lediglich zu den Seerosen an der rechten Seite dürft ihr nicht hinschwimmen, um die Pflanzen zu schützen. Der weitere Weg nach Höflings ist im Vergleich zum Walderlebnispfad für viele vielleicht etwas langweilig, weil es auf einer Teerstraße entlang geht, aber schon nach etwa 20 Minuten seid ihr in Höflings angekommen. Dort geht ihr kurz auf der Hauptstraße nach links, gleich darauf beginnt auf der rechten Straßenseite ein schmaler Pfad, der direkt den Berghang hinaufführt (Wegweiser „Ried"). Dort müsst ihr nochmals ein wenig schwitzen, es dauert aber nicht lange, bis es auf der anderen Bergseite wieder hinunter ins Riederbachtal geht, wo ihr am Wasser entlang zurück nach Weihenried und weiter nach Buchans zum Ausgangspunkt der Wanderung zurückkommt.

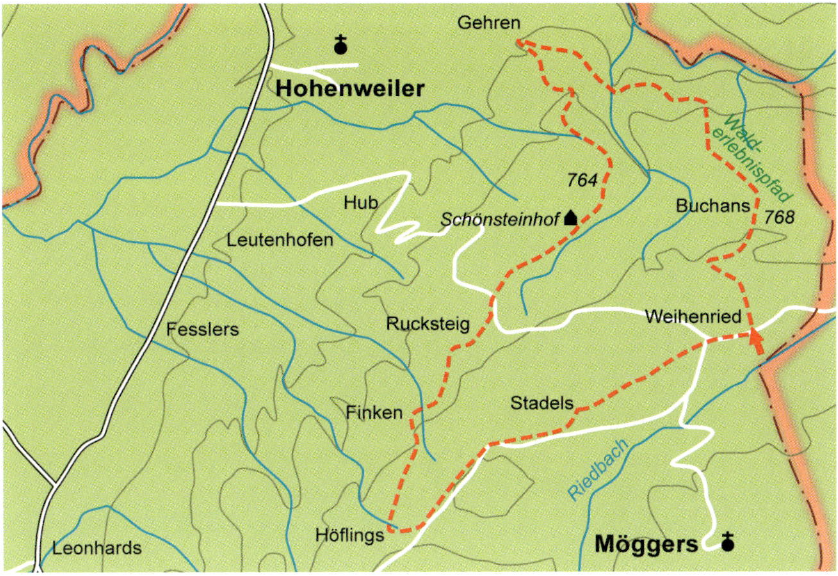

08 Tour 8: Durch die Rappenlochschlucht und die Alplochschlucht

Gütle – Rappenlochschlucht – Staufensee – Alplochschlucht und zurück

Auf einen Blick

Anspruch: 1
Anfahrt: Von Dornbirn mit den Stadtbus, Fahrrad oder Auto bis Gütle.
Gehzeit: 2 1/4 Stunden (Gütle – Staufensee 45 Min., Alplochschlucht 30 Min., Rückweg bis Gütle 1 Std.)
Auf- und Abstieg: 200 Höhenmeter
Charakter: Aufregende Wanderung durch zwei der größten Schluchten Mitteleuropas auf gut begehbaren Wegen.
Besonderheit: Rolls-Royce-Museum in Gütle, Tel. 05572-52652, www.rolls-royce-museum.at, Di – So 10 – 17 Uhr geöffnet, zahlreiche Modelle der berühmten Automarke sind hier zu besichtigen.
Waldbad Enz, zwischen Gütle und Dornbirn gelegen, Tel. 05572-20850, tgl. 8.30 – 19.30 Uhr geöffnet.
Einkehrmöglichkeiten auf der Strecke: Kiosk am Staufensee, tgl. geöffnet; Restaurant in Gütle, Mo Ruhetag.

Der Weg könnte nicht abenteuerlicher beginnen: Gleich vom Parkplatz weg überqueren wir auf einer schmalen Holzbrücke die Dornbirner Ache, die tief unter uns hindurch rauscht. Gleich danach geht es über in den Fels gehauene Stufen in die Rappenlochschlucht hinein, die als größte Schlucht der Ostalpen gilt. Die

08

Ebniter Ache, ein kleiner Nebenfluss der Dornbirner Ache, hat sich immer tiefer in das Gestein eingeschnitten, sodass die Schlucht entstanden ist. Das hat natürlich einige hunderttausend Jahre gedauert.
Das erste Stück des Wegs wandert ihr an einer dicken, aus Eisen gefertigten Wasserrohrleitung entlang. Sie hat einen Durchmesser von mehr als einen halben Meter und in ihr fließt seit dem Jahr 1901 das Wasser zur Stromerzeugung. Wenn ihr euer Ohr dicht an das Rohr haltet, hört ihr ganz leicht das Wasser rauschen. Die Wassertropfen außen am Rohr stammen natürlich nicht von undichten Stellen, sondern sind kondensierte Flüssigkeit, die dadurch entsteht, dass sich die Luft am Rohr abkühlt und dadurch Feuchtigkeit abgibt. Deshalb kann man das Naturphänomen auch nur dann sehen, wenn die Luft wärmer als das Wasserrohr ist.
Wenn ihr etwa 10 Minuten unterwegs seid, werdet ihr bemerken, dass die Felswände links und rechts etwas dichter aneinander-

08

gerückt sind. Die Schlucht wird langsam enger und das Rauschen der Ache nimmt zu. Ein Stück weiter bleibt kein Platz mehr für den Weg und ihr müsst auf die am Felsen angebrachten Holzstege ausweichen. Direkt unter euch könnt ihr das tosende Wasser hören und sehen.
Irgendwann berühren sich die beiden Felswände hoch über euch – ihr befindet euch in einem Felstunnel. Es ist etwas dunkel und Wasser tropft von den Wänden. Das Rauschen des Wassers ist richtig laut geworden. Angst braucht ihr keine zu haben, denn etwas weiter vorne seht ihr schon wieder die Sonnenstrahlen durchscheinen.
Am Tunnelausgang tut die Sonnenwärme richtig gut. Die Schlucht weitet sich langsam wieder und am Ende kommt ihr oben an der Staumauer des Staufensees heraus. Hier habt ihr euch am Kiosk auch ein Eis verdient. Der Staufensee ist ein Stausee, in dem das Wasser gestaut wird und dann über das Eisenrohr, das ihr unten am Eingang der Schlucht gesehen habt, in das Kraftwerk fließt. Wenn es in der letzten Zeit stark geregnet hat oder im Frühjahr der Schnee geschmolzen ist, dann ist der Staufensee ziemlich voll mit Wasser. Wenn es im Sommer allerdings lange Zeit trocken war, könnt ihr den schlammigen Uferbereich gut erkennen.
Am hinteren Ende des Staufensees könnt ihr übrigens das Stromkraftwerk Ebensand besichtigen, das sein Wasser aus der weiter hinten liegenden Alplochschlucht erhält. Im Kraftwerkhaus seht ihr die Turbinen stehen, die durch die Wasserkraft angetrieben werden und durch die Drehung elektrischen Strom erzeugen. Sonderlich aufregend ist die ganze Angelegenheit allerdings nicht. Spannender ist da schon der Brunnen hinter dem Haus, an dem ihr mit dem Wasser herumspritzen könnt.
Wenige hundert Meter weiter beginnt bereits die Alplochschlucht, ein weiteres Naturereignis, das ihr durchwandern werdet. Im Gegensatz zur Rappenlochschlucht geht es hier deutlich ruhiger zu, die Dornbirner Ache fließt gemächlich zwischen den Felsen hindurch, dafür könnt ihr bis auf den Grund des blauen Wassers sehen

und vielleicht ein paar Fische entdecken. Da die Alplochschlucht etwas kürzer ist, seid ihr schneller durch und könnt, oben bei der Hauptstraße angekommen, wieder den Rückweg antreten.
Wer schon ganz müde ist, kann dort auch den Bus zurück nach Gütle nehmen.

In Gütle wartet auf diejenigen, die sich für Autos interessieren, das Rolls-Royce-Museum. Passend zur Exklusivität der Automarke sind allerdings die Eintrittspreise ziemlich hoch, außer man hat eine Bodensee-Erlebniskarte. Die Fahrzeuge stehen übrigens in einem alten Spinnereigebäude,

in dem von 1862 bis 1990 Garne hergestellt wurden. 1881 hat der Regent der österreichisch-ungarischen Monarchie, Kaiser Franz Josef I., die erste Telefonverbindung des Landes in Betrieb genommen.
Die schönsten Modelle der Ausstellung stammen aus den 1930er Jahren, darunter der Tourenwagen von King George V oder der Paradewagen der englischen Königin.
In einem speziellen Bereich ist zu sehen, wie die Autos originalgetreu restauriert werden, bevor sie im alten Glanz in die Ausstellung kommen. In der Kinderecke findet ihr nostalgisches Spielzeug, darunter mehrere Schaukelpferde, Puppenhäuser und Modellautos.
Krönender Abschluss der Tour ist ein Besuch im Waldbad Enz, einem zwischen Gütle und Dornbirn gelegenen herrlichen Waldfreibad mit mehreren Schwimmbecken, einer Wasserrutsche sowie Plätzen zum Federball-, Fußball- und Tischtennisspielen. Am liebsten toben sich die Kinder jedoch im Matschbereich aus.

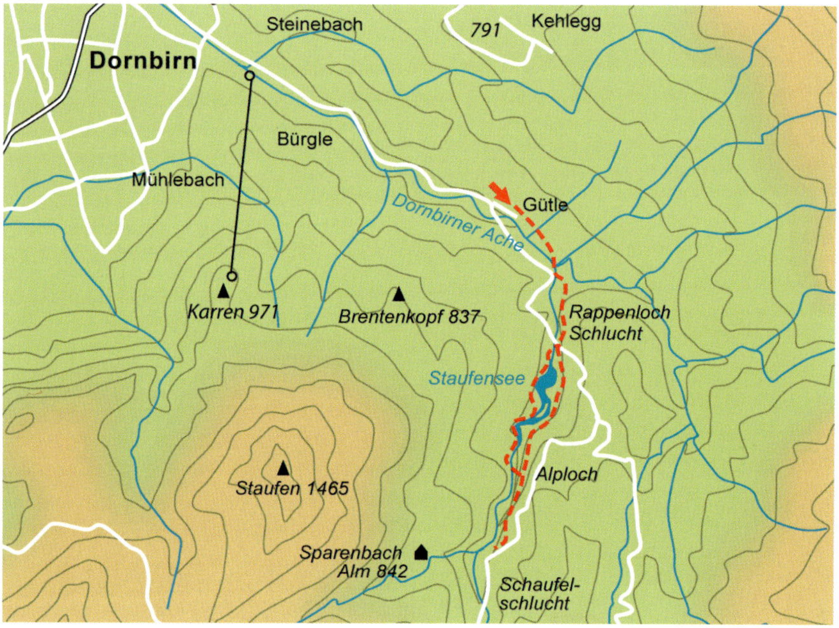

Tour 9: Von Laterns auf den Alpwegkopf

09

Laterns – Furx – Alpwegkopf – Furx – Laterns

Auf einen Blick

Anspruch: 2
Anfahrt: Stündliche Busverbindung vom Bahnhof Rankweil nach Laterns Thal, Haltestelle Gasthof Löwen. Mit dem Fahrrad oder Auto auf der Hauptstraße ins Laternser Tal.
Gehzeit: 3 1/2 Std. (Laterns – Furx 40 Min., Alpwegkopf 1 1/4 Std., Rückweg insgesamt 1 1/2 Std.)
Auf- und Abstieg: 600 Höhenmeter
Charakter: Schöne Bergwanderung auf gut befestigten Wegen.
Besonderheiten: In Furx Reitmöglichkeiten auf dem Trekkinghof (Tel. 05522-48847, www.furx.at) und schöner Spielplatz beim Peterhof. Sommerrodelbahn Inner-Laterns, Tel. 05526-252, ab Anfang Juni – Ende Oktober tgl. 10 – 18 Uhr, außer bei Regen.
Einkehrmöglichkeiten auf der Strecke: Alpengasthof Peterhof (auch Übernachtung möglich), Furx, Tel. 05522-42882, www.furx.at, tgl. geöffnet; Alpwegkopfhaus, Tel. 05522-77889, November bis Weihnachten geschlossen.

Direkt gegenüber von der Bushaltestelle wandern wir zunächst auf dem steilen Weg den Berg hinauf, sodass alle schnell ins Schwitzen geraten. Nach etwa fünf Minuten zweigen wir links auf einen befestigten Güterweg ab, der nun nicht mehr ganz so steil nach Furx hinaufführt. Vorbei an Weiden und stellenweise

09

durch den Wald wird der kleine Bergort nach etwas mehr als einer halben Stunde erreicht. Bei den ersten Häusern können die Kinder einige Ziegen streicheln, die hier in einem kleinen Gehege untergebracht sind.
Gleich um die Ecke taucht der Peterhof auf, den verlockend aussehenden Spielplatz heben wir uns allerdings für den Rückweg auf, zunächst gilt es, den Alpwegkopf zu erklimmen. Dazu biegen wir kurz vor dem Peterhof rechts ab, auf einem Güterweg geht es zunächst weiter durch Wald den Berg hinauf. Im Herbst sind hier mit etwas Glück schöne Steinpilze zu finden.
Später erreichen wir über den Bergrücken die Alpwegalpe, von der aus das Alpwegkopfhaus schon von weitem zu erkennen ist. Dort in der Berghütte angekommen, gibt es erst einmal für alle ein Skiwasser (alkoholfrei), das nach einem 30 Jahre alten Rezept gebraut ist.
Auf dem Rückweg nehmen wir ab der Alpwegalpe den nordseitigen Weg, der an der Bergstation des im Sommer unbenutzen Skilifts vorbei wieder hinunter zum Peterhof führt, wo es nachmittags

leckeren Kuchen gibt und jetzt endlich auch der Spielplatz ausgiebig genutzt werden kann.
Wer gerne reitet, kann dem nahe gelegenen Trekkinghof einen Besuch abstatten, Ponyreiten ist dort immer möglich (1/2 Stunde 9 Euro). Bei den Kindern am beliebtesten ist Cherry, eine gutmütige Pony-Schimmelstute, die am liebsten alles abschleckt, was ihr unter die Zunge kommt. Dafür ist sie beim Reiten sehr gutmütig. Wer lieber auf einem richtigen Pferd reitet, sollte das zuvor telefonisch anmelden (05522-48847, 1 Stunde 14 Euro). Dann kann er auch Fiablo bekommen, den Crioller, der Kindern gerne aus der Hand frisst. Bei so viel Vergnügen fällt der Abschied aus Furx schwer, andererseits ist der Rückweg hinunter nach Laterns in weniger als einer halben Stunde vorbei. Wenn dann noch etwas Zeit bleibt, kann man immer noch der Sommerrodelbahn in Inner-Laterns einen Besuch abstatten, sie ist immerhin bis 18 Uhr geöffnet. Direkt bei der Talstation locken zudem Schaukel, Trampolinanlage, Kletterturm und eine Kinderseilbahn.

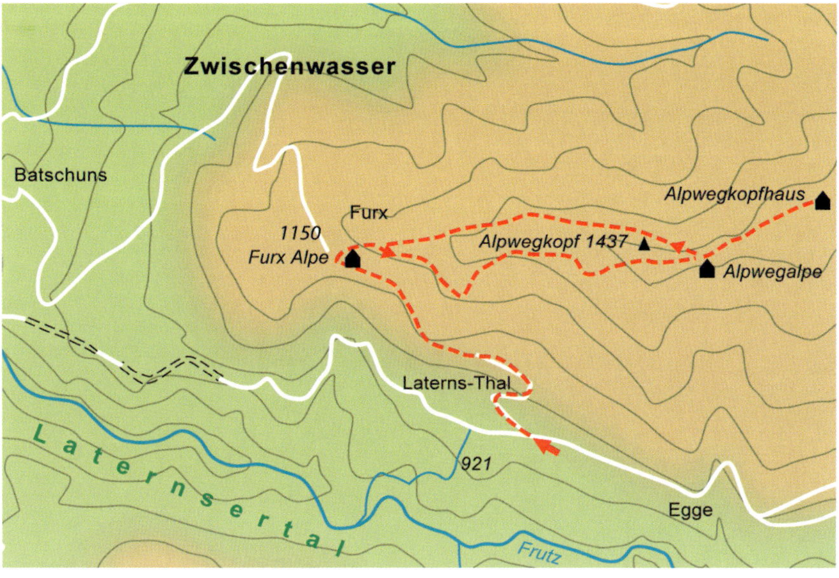

Bregenzerwald

Sagenwelt fernab vom Trubel unserer Zeit

Hunderte von Kilometern Wanderwege führen durch den Bregenzerwald – vom Dorfspaziergang über leichte Halbtageswanderungen im sanften Hügelland des Vorderwaldes bis zu alpinen Touren im Hinterwald. Dabei stehen Kräuter und Blumen ebenso im Mittelpunkt wie Wildbäche, Bergstürze und Alpsennereien. In der weitgehend naturbelassenen Landschaft leben Mythen und Sagen immer wieder von neuem auf.

Information: Bregenzerwald Tourismus GmbH, Impulscenter, A-6863 Egg, Tel. 05512-2365, Fax 3010, info@bregenzerwald.at, www.bregenzerwald.at/tourismus

Bregenzerwald Card:
Beliebig häufige Gratis-Nutzung von Bergbahnen, öffentlichen Bussen und Schwimmbädern ab drei Übernachtungen im Bregenzerwald. Gültig Anfang Mai bis Ende Oktober im gesamten Bregenzerwald sowie im Großen Walsertal. Ermäßigungen bei diversen Partnerbetrieben mit Sport- und Freizeitangebot.

Karte: Wandern im Bregenzerwald I, II und III, 1:40.000 (erhältlich in allen Tourismusbüros)

10 Tour 10: Quelltuff und mystische Sagen

Großdorf – Lehrpfad Quelltuff – Lingenau – Gschwandtobel Brücke – Großdorf

Auf einen Blick

Anspruch: 2
Anfahrt: Von der Bundesstraße Bregenzerwald zweigt in Egg eine Straße nach Großdorf ab, alternativ kommt man von Bregenz über Krumbach und Lingenau. Busverbindungen: In Großdorf halten die Wälderbuslinien 25 (Bregenz – Egg), 29 (Egg – Riefensberg) und 32 (Egg – Schetteregg).
Gehzeit: 3 1/2 Std. (Großdorf – Drahtsteg 1/2 Std., Lehrpfad Quelltuff 1 Std., Lingenau 1/2 Std., Gschwandtobel 1/2 Std., Großdorf 1 Std.)
Auf- und Abstieg: 300 Höhenmeter
Charakter: Vom Gasthaus Adler in Großdorf zunächst auf einer Fahrstraße, dann auf einem Steig hinab zum Drahtsteg. Es folgt ein steiler Anstieg zum Quelltuff: Der Lehrpfad führt größtenteils auf einem Kiesweg mit Holzstegen und Treppen, die bei Regen rutschig sein können. Auf dem Rückweg von Lingenau (mit Ausnahme der ersten Wegstrecke auf breiten Fahrwegen) wird die Schlucht der Subersach nochmals gequert.
Besonderheiten: Drahtsteg, Lehrpfad Quelltuff in Lingenau (Informationsbroschüre „Quelltuffhang – Lehrpfad Lingenau" erhältlich beim Tourismusbüro Lingenau)
Einkehrmöglichkeiten auf der Strecke: Gasthöfe in Lingenau
Variante: Wer es eilig hat, macht oberhalb des Lehrpfades an der St.-Anna-Kapelle kehrt und gelangt über Rain wieder auf den ursprünglichen Weg zurück (Gehzeit: insgesamt gut 2 Std.).
Karte: Wandern im Bregenzerwald I oder II, 1:40.000

10

Jedes Kind kennt dieses lustige Gruppenspiel: Jemand flüstert seinem Nachbarn eine Geschichte ins Ohr, der wiederum erzählt dem nächsten seine Variante, bevor dieser das Gehörte nach bestem Wissen und Gewissen weitergibt. Wenn das letzte Glied der Kette die Geschichte schließlich zum Besten gibt, brechen alle in schallendes Gelächter aus, weil die Schlussversion mit dem ursprünglich Erzählten so wenig gemein hat wie ein schwarzer Hund mit einer Kröte.

Ähnlich ist die Wirkung, wenn erwachsene Menschen ihre persönliche Gefühlswelt zusammen mit den geschichtlichen Ereignissen und den Naturgewalten ihrer Zeit verarbeiten und von Generation zu Generation weitererzählen; auf diese Weise entstehen Legenden und Sagen, die im Verlauf von vielen Jahrhunderten immer mystischer werden. Gerade im Bregenzerwald begegnet man diesem Phänomen auf Schritt und Tritt. In Hittisau und Lingenau zum Beispiel, wo das Naturwunder des

10

Quelltuffs am steilen Abhang zur Subersach liegt, sind die Geschichten von geheimen Schätzen in aller Munde. Einer Sage nach haben sich zur Zeit der Franzosenkriege einige Einwohner mit Sack und Pack in die Rappenfluh an der Subersach geflüchtet, wohlwissend, dass sie unter großen, von Bäumen und Sträuchern bedeckten Felsen in zahlreichen Höhlen Zuflucht finden konnten.

Eine besonders tiefe Höhle heißt „Geldloch", weil dort ein großer Schatz verborgen sein soll, der von einem schwarzen Hund akribisch bewacht wird. Allerdings wurde dieser Schatz bis heute ebenso wenig gefunden wie ein weiterer in der Reggerhöhle am Hittisberg, der von einer Kröte behütet wird. Schwarzer Hund und Kröte haben also doch etwas gemeinsam: Sie bewachen beide einen unauffindbaren Schatz. Auf unserer Tour, die beim Gasthaus Adler in Großdorf beginnt (Wegweiser Drahtsteg/Lingenau), werden wir weder durch Höhlen kriechen noch auf Schatzsuche gehen. Doch auch die Überquerung des Drahtsteges ist ein kleines Abenteuer für sich. Diese Hängebrücke schaukelt atemberaubend über dem Abgrund, so wie man es von Bildern aus dem fernen Himalaya-Gebirge kennt. Wer nicht schwindelfrei ist, dem wird ziemlich mulmig in der Magengrube. Die Brücke darf maximal von einer erwachsenen Person betreten werden. Beim Anblick des tief eingeschnittenen Bachbetts schenken wir der Legende Glauben, dass es hier

mehrere gute Höhlenverstecke gibt. Vielleicht versperrt heute ja ein riesiger Felsbrocken den Eingang zum Schatz.
Höhepunkt der Wanderung ist jedoch der Tufflehrpfad. Mühsam am oberen Rand des Bachtals angekommen, führt uns der Pfad über Treppen und Stufen wieder hinab in die Schlucht. Über eine 40 m hohe Geländekante fließt Wasser kaskadenähnlich in vielen kleinen Kanälen die glatt geschliffenen Klippen bis in das Bachbett der Subersach herab. Das Wasser nimmt auf seinem Weg durch den Schotter Kalk auf und scheidet in Berührung mit Luft Kalksinter ab. Spezielle Moose, Algen und Bakterien entziehen dem Wasser Kohlendioxid, weshalb sich der Quelltuff ablagern kann.
Am Fuß der Felswand sammelt sich das Wasser in winzigen natürlichen Badewannen, den sogenannten Sinterbecken. Die Farbvielfalt ist enorm, gelbe bis ockerfarbene Passagen wechseln sich mit grauen oder gar schwarzen Felsadern ab. An den Überhängen bilden sich aus pilzförmigen Übergussschichten zapfenartige Baldachine, die an eine Tropfsteinhöhle erinnern. Wer hier im warmen Licht des späten Nachmittags verweilt, findet reizvolle Fotomotive im Überfluss.
Das Wasser hat Trinkwasserqualität. Bestes Indiz hierfür sind

neben dem Vorkommen des winzigen Flohkrebses die Grün- und Blaualgen, die die weniger stark überrieselten Tuffflächen besiedeln. Doch ist es besser, den Durst an der Trinkquelle zu stillen, die nach kurzem Aufstieg oberhalb der Tufffelsen auftaucht.
Mit Flüssigem können wir uns auch in Lingenau versorgen, das wir von der St.-Anna-Kapelle zuletzt auf dem Bürgersteig der Autostraße erreichen. Im Zentrum von Lingenau zweigt ein schmaler

10

Weg in Richtung Heidach ab, später folgen wir den Wegweisern hinab zum Gschwandtobel. Im Talgrund erreichen wir die alte holzgedeckte Negrellibrücke, die zum Naturdenkmal erhoben wurde; vor dem Bau der modernen Autobrücke stellte sie die einzige Verbindung nach Großdorf dar. Unter der Brücke fließt die Subersach, die von der Quelle im Bereich der Halder Hochalpe bis zur Mündung in die Bregenzer Ache rund 22 Kilometer unterwegs ist. Früher hatte der Gebirgsfluss für die Flößerei und Holztrift eine wichtige Funktion. Der breite Fahrweg führt uns wieder aus dem bewaldeten Bachtal heraus, bevor wir an der Schnapsbrennerei und Imkerei der Gebrüder Bentels vorbeikommen. Die Brennerei kann besichtigt werden, Holztische laden zur Rast ein. Schräg gegenüber tummeln sich Ziegen in einem Gehege. Über die Großdorfer Ortsteile Stocker, Unterstein und Oberdorf gelangen wir wieder zum Ausgangsort zurück.

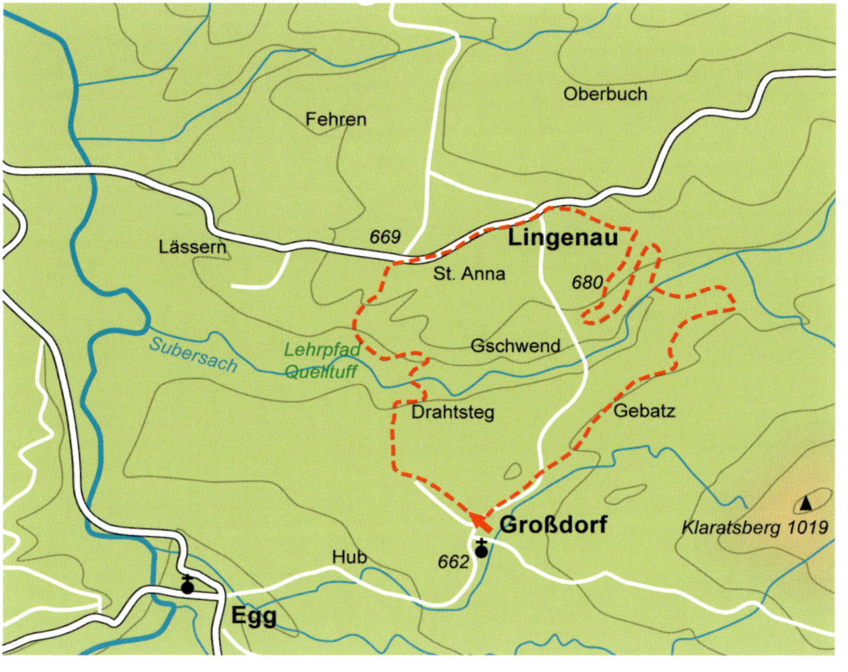

Ländle Qualitätsprodukte
Montfortstrasse 11/7 | A 6900 Bregenz | Austria
Telefon +43(0)5574/400-700 | Fax +43(0)5574/400-600
E-mail: laendle@lk-vbg.at | **www.laendle.at**

Ländle

Kein Schwein zu sehen...

Wenn Ihnen in zauberhafter Umgebung ein Schwein begegnet – wundern Sie sich nicht! Unsere Schweine tollen nach Lust und Laune herum. Auf 42 Vorarlberger Alpen. Einen ganzen Sommer lang. Die bei der Bergkäseproduktion anfallende Molke wird an die Schweine verfüttert. Dank dieser wertvollen und natürlichen Nahrung wachsen sie zu kräftigen Tieren mit besonders zartem Fleisch heran. Reich an Vitamin B1, mit besonders hohem Eiweiß- und Nährstoffgehalt, wird dieses Fleisch von Feinschmeckern sehr geschätzt! Wenn Sie mehr Information wünschen, rufen Sie 05574/400-700 oder besuchen Sie die Homepage www.laendle.at. Bessere Produkte – besseres Leben! **Ländle Qualität – luag druf!**

<< luag druf >>

11 Tour 11: Durch drei Tobel

Sibratsgfäll – Ställenalpe – Unterberg Vorsäß – Sibratsgfäll

Auf einen Blick

Anspruch: 2
Anfahrt: Von der Bregenzerwald Bundesstraße Abzweigung nach Hittisau und weiter nach Sibratsgfäll. Der Ort ist auch Endstation der Wälderbuslinie 41 von Dornbirn über Alberschwende, Lingenau und Hittisau.
Gehzeit: 4 Std. (Sibratsgfäll – Ställenalpe 1 1/2 Std., Rehenbergvorsäß 1 Std., Unterberg Vorsäß 1/2 Std., Sibratsgfäll 1 Std.)
Auf- und Abstieg: 450 Höhenmeter
Charakter: Abwechslungsreiche Rundtour durch drei Bachtobel. Wechsel zwischen bequemen Fahrwegen und enger Steiganlage, auf dem Holzersteig auch sumpfige Abschnitte. Zwischen Ställenalpe und Unterberg Vorsäß auf mehreren Kilometern gemütlicher Panoramaweg. Keine Einkehr auf der Strecke, daher unbedingt ausreichend Essen und Trinken mitnehmen.
Besonderheit: Dorfsennerei Sibratsgfäll (Öffnungszeiten: täglich 8-11 und 18.30-19.30 Uhr)
Variante: Von der Ställenalpe zur Auenalpe und über die Nussbaumers-Krähenbergalpe wieder nach Sibratsgfäll zurück (gesamt 4 1/2 Std.).
Karte: Wandern im Bregenzerwald I oder II, 1:40.000 (erhältlich in allen Tourismusbüros)

Bevor wir die Wanderung beginnen, sollten wir noch der Dorfsennerei am Ortseingang von Sibratsgfäll einen kurzen Besuch abstatten. Hier lohnt der Blick in die Alpsennküche, die es in dieser traditionellen Form gerade im Bregenzerwald noch in einer er-

freulich hohen Dichte gibt. Wer höflich fragt, kann dem Senner während seiner Arbeit bestimmt über die Schulter schauen. Im Eingangsbereich wartet eine Käsevitrine mit verschiedenen Käsesorten auf Abnehmer, die für die Brotzeit auf unserer Wanderung gerade recht kommen.
An der Dorfkirche folgen wir dem Wegweiser in Richtung Tobelrundweg und Schönenbach. Nach wenigen Metern verlassen wir die Teerstraße und kürzen auf einem Wiesenpfad in Nähe eines Baches ab. Die Route führt wieder auf die Straße zurück und weiter in den Tobel des Rubaches. Jenseits der Brücke steigt der Fahrweg wieder an und passiert den Krähenberg-Skilift. Nach dem Anstieg halten wir uns in der Hochebene am nächsten Wegverzweig rechts (Wegweiser Ställenalpe, Schetteregg).
Diese Hochebene ist ein Quellmoorgebiet, das aus dem Hangwasser des Krähenbergs gespeist wird. All die aus Bach- und Regenwasser resultierende Feuchtigkeit sammelt sich hier großflächig an und hinterlässt seltene Pflanzen wie das Breitblättrige Knabenkraut. Ihr erkennt diese Orchideenart an dem hochgeschossenen Stiel, an den sich viele violette Blüten schmiegen. Das Fettkraut

und der Sonnentau verhalten sich wiederum wie Raubtiere. Als fleischfressende Pflanzen halten sie mit ihren klebrigen Blättern kleine Insekten fest, rollen sie dann ein und verdauen sie durch ein Ferment. Nur die Chitinreste der Opfer bleiben zurück.
Doch wir müssen auch wachsam sein, um den bis zur Ställenalpe nicht immer leicht zu findenden Steig im Wiesengelände nicht aus den Augen zu verlieren. Nach kurzem Abstieg gelangen wir in den Tobel der Subersach. Die kühle Luft werden wir hier vor allem an heißen Sommertagen zu schätzen wissen. Wir queren das Bachbett zunächst hüpfend auf großen Steinen, dann auf einer kleinen Hängebrücke. Hier könnt ihr gleich testen, wie stark die Brücke ins Schwanken kommt. Auf der anderen Seite führt der Steig relativ steil zur Ställenalpe hinauf. Ob der Bauer gerade zuhause ist, erkennt ihr daran, ob das rote Auto in der Hofeinfahrt steht.
Ein alter Karrenweg führt uns zu einem Fahrweg, auf dem wir ohne nennenswerten Höhenverlust Richtung Schetteregg zum Rehenbergvorsäß wandern. Diesen Vorsäß nutzen die Alpbauern mit ihren Familien von Ende Mai bis Ende Juni auf dem Weg von ihrem Heimbetrieb zur Alpe. Während die höher gelegenen

Weidegebiete zum Teil noch unter Schnee liegen, schießen hier bereits saftige Wiesen und Kräuter für die Kühe aus dem Boden. Auch im Herbst machen die Bauern hier nach dem Alpabtrieb je nach Grasvorkommen eine oder mehrere Wochen Station.
Von den baumfreien Bergwiesen bietet sich ein schöner Blick auf die Winterstaude, die beherrschende Berggestalt des gesamten Gebietes. Auch von der etwas unterhalb gelegenen Nattersbergalpe und dem Unterberg Vorsäß lohnt sich der Rückblick; in östlicher Richtung sehen wir die Kirche von Sibratsgfäll. Vom Vorsäß gelangen wir über den Holzersteig wieder in den Bachtobel der Subersach. Dabei queren wir ein weiteres Sumpfgebiet – Holzbretter helfen über schlammige Passagen hinweg – und tauchen in dichten Wald ein. Nach heftigem Regen gleicht die Subersach einem reißenden Strom, der schon einmal die eine oder andere Brücke fortspülen kann. Aus diesem Grund ist die neu errichtete Hängebrücke fest an beiden Ufern verankert. Von hier muss bis Sibratsgfäll noch ein letzter Schlussanstieg bewältigt werden.

12 Tour 12: Bunte Flugobjekte am Niedere

Panoramarundweg Vordere Niederealpe und Berggipfel Niedere

Auf einen Blick

Anspruch: 1-2
Anfahrt: Auf der Bregenzerwald Bundesstraße nach Andelsbuch, dort zum Parkplatz der Bergbahnen Andelsbuch. Der Sessellift bringt uns in zwei Stufen zur Bergstation Niedere (1530 m). Mit der Wälderbuslinie 35 von Bregenz oder Bezau bis zur Haltestelle Postamt Andelsbuch und zu Fuß in ca. 15 Minuten zur Talstation.
Gehzeit: 1 3/4 Std. (Bergstation Niedere – Vordere Niederealpe 1/4 Std. – Gipfel Niedere 1 Std. – Bergstation Niedere 1/2 Std.
Auf- und Abstieg: 200 Höhenmeter
Charakter: Gemütliche Panoramarundtour oberhalb der Waldgrenze mit gleichbleibend schönem Fernblick. Die einfache Wanderung ist zwar relativ kurz, erfordert jedoch auf den schmalen Wegen gutes Schuhwerk und auf Grund der Höhe warme Kleidung.
Besonderheiten: Hänge- und Paragleiterrampe an der Vorderen Niederealpe. Dienstags findet auf der Alpe ein Schausennen statt. Bergbahnen Andelsbuch: Betriebszeit Sessellift 9 – 17 Uhr, im Juli und August ohne Mittagspause, Tel. 05512-2540.
Einkehrmöglichkeiten auf der Strecke: Vordere Niederealpe
Übernachtung: Bauernhof Liebschick, Unterbach 837, 6863 Egg, Tel. 05512-3325, Liebschick@hotmail.com, www.tiscover.at/liebschick (familienfreundliches, ruhig gelegenes, sympathisch geführtes Gästehaus mit Tieren und Spielmöglichkeiten)
Karte: Wandern im Bregenzerwald II, 1:40.000

12

An heißen Sommertagen hat man eigentlich gar keine Lust auf Bergwandern. Die Sonne brennt erbarmungslos herab und lässt einen so gar nicht auf Trab kommen. Es sei denn, man kommt jenen quirligen Dorfmädchen in die Quere, die mit Vorliebe Opfer für den gezielten Strahl ihrer Wasserpistolen suchen. Zusätzlichen Antrieb verleiht der Doppelsessellift, der uns in zwei Schüben von der Hitze des Talkessels in luftige Höhen befördert und uns auf diese Weise immerhin 900 Höhenmeter Aufstieg erspart.
Oben angekommen, sind wir begeistert von der Weitläufigkeit des Bregenzerwaldes, der uns nun direkt zu Füßen liegt.
Noch faszinierender offenbart sich die Landschaft aus der Vogelperspektive. Es war uns an der Talstation schon aufgefallen, dass der Himmel von bunten Flugobjekten übersät war, die sich scheinbar kaum von der Stelle rührten. Zudem belegten seltsame Männer und manchmal auch Frauen mit riesigen Säcken einen Doppelsessel und schwebten mit unbewegter Miene nach oben. Es schien, als seien sie gar nicht von unserer Welt, von einem fremden Stern vielleicht. An der Bergstation nehmen wir die Verfolgung dieser eigentümlichen Gestalten auf und schauen, was die so vorhaben. Tatsächlich, hinter der Vorderen Niederealpe versammeln sich all die Außerirdischen und ziehen aus ihren Säcken riesige bunte Schirme heraus – oder sind es Drachen? Einige lümmeln im Gras, als ob sie auf bessere Zeiten warten würden. Dazu eine Menge Zuschauer, die sich mit großen

12

Augen an die Startrampe heranpirschen. Ein Typ mit Handy nimmt Funkkontakt auf und gibt gelegentlich Anweisungen: „Flieg jetzt, bevor die nächste Böe kommt!" oder so ähnlich. Dann läuft plötzlich einer los und hebt ab, zieht nervös an den Leinen, der Schirm flattert im Wind, um Gotteswillen, fast hätte er die Baumwipfel gestreift. „Er hätte länger laufen müssen!" brummt der Handytyp in sein Gerät.
An schönen Sommertagen nutzen Könner und Anfänger gleichermaßen die günstige Thermik und starten beinahe im Minutentakt per Para- oder Gleitschirm in das Abenteuer Flug. Manche werden richtig flugsüchtig und heben bis zu sechs Mal pro Tag ab. Die Anspannung und das Kribbeln der Piloten greift direkt auf die Wanderer über, die das bunte Treiben aus sicherer Entfernung gebannt beobachten. Irgendwie träumt jeder vom Fliegen. Andere machen es sich auf der nahegelegenen Alpterrasse bequem und stärken sich mit einer Jause aus Berg- und Frischkäse, Joghurt, Milch, Butter und Brot. Wenn wir uns satt gesehen und gegessen haben, nehmen wir den Panoramaweg in Angriff. Er führt im Aufstieg unmittelbar an einer Abbruchkante entlang, die sich bis zum Berg Winterstaude hinaufzieht. Am markantesten Aus-

sichtspunkt, dem Guggstein, wachen die Schafhirten über ihre Herden und passen auf, dass sich keines ihrer Tiere in die nordwärts ausgerichteten Steilhänge verirrt. „Guggo" heißt in der Schäfersprache so viel wie Ausschau halten. Wir zählen zwar keine Schafe, genießen dafür aber den Ausblick bis zum Schweizer Säntis, Bodensee und Schwarzwald. An sehr klaren Tagen taucht hinter dem Allgäuer Voralpenland sogar das Ulmer Münster auf.

An Blumen fallen uns unterwegs neben den Silberdisteln die Sträucher der Alpenrose auf. Eine Alpenrose braucht 35 Jahre, um erwachsen zu werden. Damit der Boden, auf dem sie wächst, stabil wird, müssen sogar Hunderte von Jahren vergehen. In dieser Höhe übernimmt oft nicht der Schmetterling, sondern die Hummel die Bestäubung der Blüten und sorgt auf diese Weise für neue Blumenkinder. Erst knapp unterhalb des Gipfels Niedere nimmt die Pflanzendichte ab.

Vom 1711 m hohen Gipfel können wir die umfassende Aussicht noch besser genießen. Der Rückweg über die sanften Wiesenhänge ist von hier nur noch Formsache, es bleibt viel Zeit für eine ausgiebige Rast. So macht Wandern auch an heißen Sommertagen Spaß. Nur Fliegen wäre schöner.

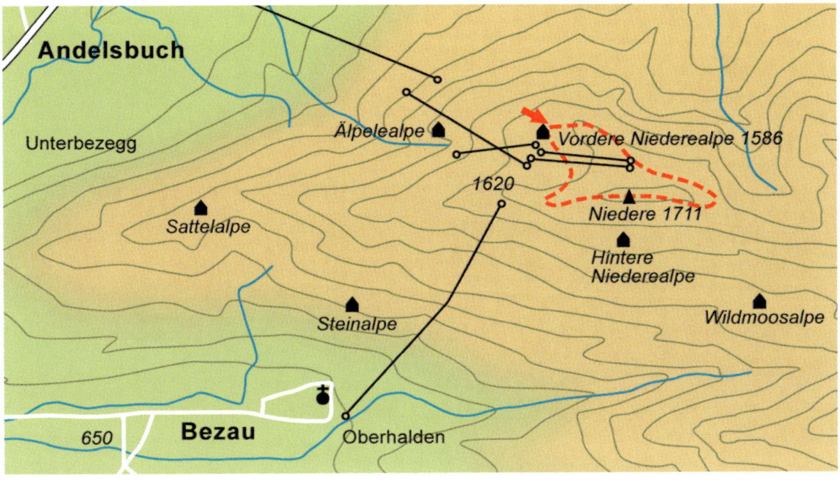

13 Tour 13: Vom Alpjubilar zum Höhlenpark

Bergstation Baumgarten – Wildmoosalpe – Sonderdach – Abstieg durch den Höhlenpark nach Bezau

Auf einen Blick

Anspruch: 2
Anfahrt: Auf der Bregenzerwald Bundesstraße nach Bezau. Von Bezau mit den Bergbahnen Bezau zur Bergstation Baumgarten (1620 m). Mit den Wälderbuslinien 35 von Bregenz und 40 von Dornbirn oder Warth bis zum Postamt Bezau und zu Fuß in ca. 15 Minuten am Dorfbach zur Talstation.
Gehzeit: 3 1/2 Std. (Bergstation Baumgarten – Hintere Niederealpe 1/2 Std., Wildmoosalpe 3/4 Std., Sonderdach 3/4 Std., Höhlenpark 1 Std., Bezau 1/2 Std.)
Aufstieg: 50 Höhenmeter, Abstieg: 1000 Höhenmeter
Charakter: Der in weitem Bogen verlaufende Abstieg von der Bergstation Baumgarten über die Wildmoosalpe nach Sonderdach verläuft bis auf das erste Teilstück auf einem bequemen Fahrweg. Dann führt der nun schmale Steig steil in den Wald und über den Höhlenpark nach Bezau.
Besonderheit: Höhlenpark Bezau
Bergbahnen Bezau: Fahrbetrieb Kabinenseilbahn 9 – 12 und 13 – 16.45 Uhr, oberer Sektor bis 16.15 Uhr, Tel. 05514-2254 oder 2295, www.bergbahnen-bezau.at
Einkehrmöglichkeiten auf der Strecke: Berghaus Sonderdach
Karte: Wandern im Bregenzerwald II, 1:40.000 (erhältlich in allen Tourismusbüros)

13

Der Einstieg unseres Wanderweges unmittelbar an der Bergstation ist so schmal, dass es an den genüsslich grasenden Kühen kaum ein Vorbeikommen gibt. Mit stoischer Gelassenheit ignorieren sie uns Menschen und machen keinen Zentimeter Platz. Allerdings rücken die gutmütigen Tiere mit ihren treuherzigen großen Augen nach gutem Zureden und einem freundschaftlichem Klaps auf den Rücken bestimmt zur Seite. Anderseits haben wir ängstliche Wanderer gesehen, die vermutlich lieber den Alpabtrieb abwarten würden als mit den Kühen auf Tuchfühlung zu gehen.
Andere Hindernisse sind auf dieser Wanderung kaum zu befürchten, es sei denn, das Viehgatter im Waldabstieg zur Wildmoosalpe klemmt und muss mit einer gekonnten Turnübung überwunden werden. Höchste Alarmstufe ist allerdings bei einem aufziehenden Gewitter geboten: In einem Zeitraum von 35 Jahren wurden immerhin 15 weidende Kälber vom Blitz erschlagen. Auch Martin Eberle wurde vor gut 30 Jahren vom Blitz getroffen und mehrere Meter durch die Luft geschleudert. Doch wer ein echtes Wälder Urgestein ist, den haut so schnell nichts von den Socken. Die Hände waren zwar zunächst ein bisschen taub, ansonsten aber hat es ihm allenfalls die Haare aufgestellt. Martin Eberle ist Senner der Wild-

13

moosalpe und feierte im August 2002 nicht nur seinen 70. Geburtstag, sondern gleichzeitig sein 50-jähriges Alpjubiläum. Er kann sich noch gut an die Zeit erinnern, als er zu Beginn seiner Alpzeit die 20 – 25 Kühe ganz allein per Hand melkte, mit Petroleumlicht in der

provisorisch eingerichteten Stube saß, im Heuboden schlief und den Bergkäse mit Schlitten und Pferd zu Tal beförderte. Später linderte zwar eine per Stromaggregat betriebene Melkmaschine den harten Arbeitsalltag, doch der Rhythmus, um vier Uhr früh nach vier Stunden Schlaf auf der Weide zu stehen, blieb der gleiche. Wie sich die Zeiten inzwischen verändert haben, zeigt die Fotowand in der Stube mit Alphüttenmotiven zur damaligen Zeit. Ob einer von Martins Enkeln einmal seine Nachfolge antritt? Am ehesten wohl der 15jährige Martin junior, der älteste Sohn seiner Tochter Annemarie.

Wir sollten die Hütte nicht verlassen, ohne ein Stück herzhaften Alpkäse zu probieren. Vielleicht dürft ihr einen Blick in den Käsekeller werfen und dort den unverwechselbaren Geruch aufnehmen. Vielleicht schneidet euch Martin, der alteingesessene Senner mit dem schütteren weißen Haar, ja höchstpersönlich ein Stück herunter. Die Wildmoosalpe ist Mitglied der Käsestraße Bregenzerwald. Voraussetzung hierfür ist die silofreie Milchwirtschaft, die Kühe fressen im Sommer also nur Gras und im Winter ausschließlich Heu ohne Verwendung von gärenden Futtermitteln.

Der Verbindungsweg von der Wildmoosalpe zur Mittelstation im Vorsäß Sonderdach ist bequem und rasch zurückgelegt. Die roten Seilbahnkabinen scheinen direkt über der roten Minirutsche zu schweben, und aus der Ferne sieht es so aus, als würden die schaukelnden Kinder der Seilbahn einen kleinen Tritt versetzen. Für den folgenden Abstieg ist gutes

Schuhwerk angesagt, denn der Weg ist steinig und mitunter steil. Zunächst passieren wir die verwaiste Steinalpe, dann geht es durch immer dichteren Wald mitten durch den Höhlenpark.
Der Höhlenpark entstand vor rund 500 Jahren durch einen gewaltigen Felssturz und liegt oberhalb der Talebene von Bezau beim Weiler Kriechere. Haushohe Felsblöcke, die an der Schattenseite zentimeterdick mit Moos bewachsen sind, bilden die Bergsturzhöhlen; eine von diesen Höhlen ist 26 Meter lang. Im Höhlenpark wurde ein Naturlehrpfad mit 45 Informationstafeln über die Geologie und Pflanzenwelt dieser Gegend angebracht. Hier können wir gleich unser Wissen testen, ob wir zum Beispiel über die Himbeere und die Fichte hinaus auch noch den Bergahorn oder den Roten Holunder erkennen.
Da der Naturlehrpfad als Rundweg angelegt ist, müssen wir an einem auffallend großen Felsen einen Gegenanstieg in Kauf nehmen und einen Teil des Abstiegs zweimal gehen. Kurz vor dem Parkausgang bezwingen wir den Klausenstein auf einem Eisensteg und genießen vom Pavillon die Aussicht. Das Tal ist nun zum Greifen nahe, und um zur Talstation zurückzukommen, wandern wir einfach am Dorfbach entlang flussaufwärts.

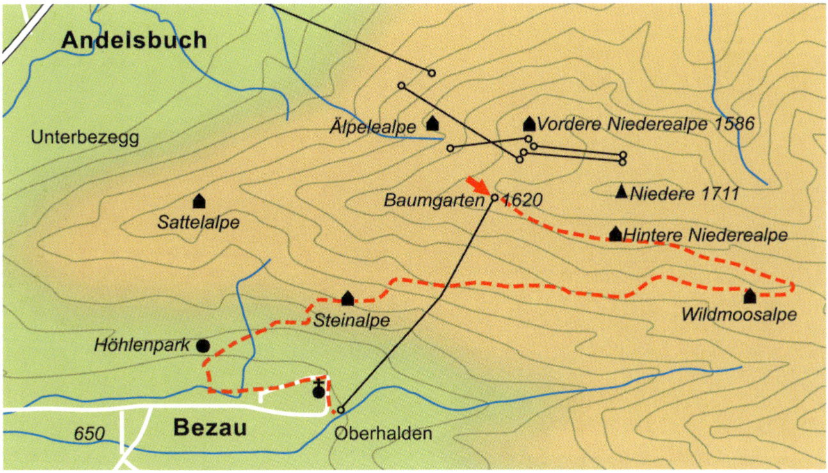

14 Tour 14: Erlebnispark und Papagei

Rehmen – Erlebnispark – Gasthof Am Holand – Rehmen

Auf einen Blick

Anspruch: 1
Anfahrt: Auf der Bregenzerwald Bundesstraße nach Au, dort Abzweigung in den Ortsteil Rehmen (Parkplatz vor der Kapelle). Mit der Wälderbuslinie 40 von Dornbirn oder Warth bis zur Haltestelle Kaufhaus Gorbach, am Gasthaus Schiff zweigt die Straße nach Rehmen ab (15 Minuten).
Gehzeit: 1 1/4 Std. (Rehmen – Natur-Erlebnispark Holdamoos 1/2 Std., Gasthof Am Holand 1/2 Std., Rehmen 1/4 Std.)
Auf- und Abstieg: 100 Höhenmeter
Charakter: Einfache Wanderung auf breiten Kieswegen. Im Bereich des Erlebnisparks allerdings nicht kinderwagentauglich, da dort mehrere Treppenstufen zu bewältigen sind.
Besonderheiten: Natur-Erlebnispfad Holdamoos, Tiere beim Gasthof Am Holand
Einkehrmöglichkeiten auf der Strecke: Rehmerstube, Gasthof Am Holand (Tel. 05515-2932)
Karte: Leichte Wanderungen Au & Schoppernau (erhältlich in allen Tourismusbüros)

Rehmen liegt abseits des Verkehrs am Fuß des Diedamskopfes und erfreut sich seiner privilegierten Lage. Die Bewohner pflegen ihre geschindelten Wälderhäuser und Gehöfte mitsamt den reichlich mit Blumen bepflanzten Gärten mit großer Hingabe. Im alten

Dorfkern verkaufen alteingesessene Läden Selbstgemachtes wie Schinken, Speck und Alpkäse; nur am Adeg-Markt erkennt man, dass auch hier die Uhren nicht still stehen. Zwischen Adeg und Dorfkapelle ist immer ein Parkplatz frei.
Vom Dorfplatz wandern wir an der Rehmerstube vorbei dem Berghang entgegen und biegen etwas oberhalb der letzten Häuser in den breiten Kiesweg ein. Über sanfte Wiesen gelangen wir auf eine kleine Anhöhe, hinter der sich der Erlebnispark versteckt. Die Höhepunkte des Parks sind im Umkreis von wenigen hundert Metern im Eingangsbereich vereint.
Gegenüber des Blumen- und Kräutergartens kann die alte Vorsäßhütte Vorderhopfreben besichtigt werden, die im Jahr 2000 nach 400 Jahren abgerissen und anschließend originalgetreu an gleicher Stelle wieder aufgebaut wurde. Auf diese Weise kann der Besucher nachvollziehen, wie die Bauern im 16. Jahrhundert auf engstem Raum gekocht, gesennt und geschlafen haben. Die Stube war einst unterkellert und das Heulager so klein, dass der Vorrat nur für Schlechtwetterperioden reichte. Freitags findet zwischen 14 und 16 Uhr nach telefonischer Anmeldung (05515-2288) eine Führung statt.

14

Unterhalb der Vorsäßhütte liegt ein Weiher, der vom kalten Wasser der Kneipp-Anlage gespeist wird. Sebastian Kneipp war ein großer Freund der Naturheilkunde und hat einige gesundheitsfördernde Übungen auf Lager. Wundert euch nicht, wenn ihr Menschen wie Störche durch das Wasser stelzen seht: Sie üben „Wassertreten", um den Kreislauf in Schwung zu halten und sich durch das Barfußlaufen ein wenig abzuhärten. Wer vorher bereits kalte Füße hat, sollte sich allenfalls mit dem Taulaufen durch niedriges, taufrisches Gras begnügen.

Hinter dem Weiher führt ein Treppensteig über eine bewaldete Kuppe und eine Viehweide im Bogen wieder zum Parkeingang zurück. Wir folgen dem Wegweiser zum Gasthaus Am Holand, dessen einladende Aussichtsterrasse wir nach einer Walddurchquerung erspähen. Am Holand ist ein originales Bregenzerwaldhaus mit alten Bauernstuben. Die Küche serviert typische Käsegerichte wie Käsknödel, Käsefondue und Ziegenkäse sowie ausgezeichneten Strudel. Doch die Kinder zieht es gleich zum Kleintierzoo hinter dem Haus. „Willkommen in Vorarlberg", tönt es aus dem Astwerk vor der Hausfront. Wie bitte? Tatsächlich, es ist kein Werbespot aus dem Bregenzer Tourismusbüro, sondern der aus Indien abstammende Starenvogel Beo. Nach gutem Zureden kann er außerdem noch seinen Namen sprechen, zudem plappert er immer „Julia", „so, so", „nein, nein" oder „Auf Wiedersehen" nach. Die anderen Vögel, der Hase, die Enten, die Hühner und die Ziegen lassen sich dennoch nicht aus der Ruhe bringen.

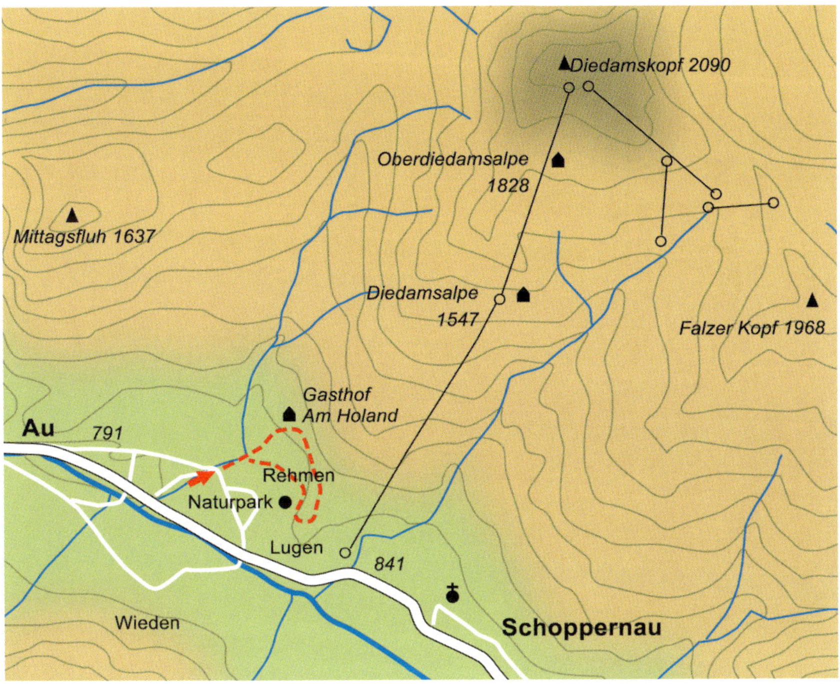

15 Tour 15: Riesenspaß am Diedamskopf

Diedamskopf Bergstation – Diedamskopf – Diedamsattel – Diedamskopf Mittelstation

Auf einen Blick

Anspruch: 2
Anfahrt: Auf der Bregenzerwald Bundesstraße nach Schoppernau zum Parkplatz der Bergbahnen Diedamskopf. Dort hält auch die Wälderbuslinie 40 von Dornbirn und Warth. Weiter mit der Seilbahn Sektion I + II zur Bergstation Diedamskopf.
Gehzeit: 2 1/4 Std. (Bergstation Diedamskopf – Diedamskopf 1/4 Std., Diedamsattel 1 Std. – Mittelstation Diedamskopf 1 Std.)
Aufstieg: 70 Höhenmeter, Abstieg: 440 Höhenmeter
Charakter: Der Abstieg vom Diedamskopf zum Diedamsattel führt im Schlussteil an die steil abfallende Gratschneide des Diedamskopfes heran. Vom Sattel verläuft der Abstieg über Almwiesen und durch Waldpassagen zuletzt auf einem Fahrweg zur Mittelstation.
Besonderheit: Didi Kinder-Erlebnisland auf dem Diedamskopf (Öffnungszeiten: bei Fahrbetrieb von Ende Juni bis Mitte September täglich 10 – 15.30 Uhr, Eintritt 1,50 Euro pro Stunde).
Seilbahn: Bergbahnen Diedamskopf, Fahrbetrieb an Christi Himmelfahrt, Pfingsten, Fronleichnam sowie Ende Juni – Mitte Oktober bei Schönwetter und guten Wanderbedingungen täglich von 8.45 – 16.15 Uhr; Abendfahrten jeden Do von Anfang Juli – Anfang September 18 – 22.30 Uhr, Tel. 05515-41100, www.diedamskopf.at
Einkehrmöglichkeiten auf der Strecke: Bergstation Diedamskopf, Mittelstation Diedamskopf

Variante: Abstecher vom Diedamsattel über das Kreuzle und die Hochalm zum Gerachsattel (+ 1 1/2 - 2 Std.).
Karte: Wandern im Bregenzerwald III, 1:40.000 (erhältlich in allen Tourismusbüros)

15

Die Gondel spuckt die Passagiere an der Bergstation unmittelbar an Didis Kindererlebnisland aus. Viele Erwachsene gönnen ihren Kindern den Spaß auf dem großen Spielareal mit Hüpfburg, Traktoren, Rutsche, Schaukel, Video, Malsachen, Kaufladen und diversen Spielen und lassen selbst auf der Aussichtsterrasse im Liegestuhl die Seele baumeln. Die Kinder dann allerdings noch zum Wandern zu animieren, bedarf manchmal größerer Überredungskünste. Vielleicht sollten wir die 50 Höhenmeter Steigung zum Gipfelkreuz des Diedamskopfes doch lieber gleich angehen. Knapp unterhalb des Gipfels stürzen sich die Paragleiter und Drachenflieger in ihr Vergnügen. Wer sich den Traum vom Fliegen verwirklichen will und genug Euro gespart hat, wendet sich an das Flugtaxi Moosbrugger und schwebt mit einem Paragleiter-Tandempiloten zu Tal (Mindestalter ca. 7 Jahre). Gemütlichere Zeitgenossen schwärmen von der romantischen Abendstimmung am Gipfel und fahren am Donnerstag Abend mit der Bergbahn zum Diedamskopf. Wer sich am nahen Skigebiet nicht stört,

genießt aber auch tagsüber einen fulminanten Gipfelblick.
Vom Gipfel steigen wir in südöstlicher Richtung über flach geneigte Wiesen auf den Falzer Kopf zu. Nach Norden bricht der Diedamskopf jäh ab, ein Sicherheitsabstand zur Abbruchkante ist

angemessen. Im Bereich des Diedamsattels offenbaren sich einige beeindruckende Tiefblicke auf die Oberfellialpe, die wie eine Spielzeuglandschaft unter uns liegt. Vom etwas oberhalb gelegenen Kreuzle führt der alte Schmugglerpfad über die Grenze in Richtung Kleinwalsertal. Auch wenn wir nichts zu schmuggeln haben, lohnt sich der Abstecher in die Hochalpe allemal. Grüne, flache Wiesen, so weit das Auge reicht. Hier können sich die Kühe satt fressen, bis ihnen der Magen durchhängt.
Die Hochalpe ist das Quellgebiet der Subersach, die uns bereits bei zwei vorhergehenden Wanderungen begegnet ist (siehe Tour 10 und 11). Im Frühsommer, wenn der letzte Schnee geschmolzen ist, sehnt sich alles Leben nach dem frischem Wasser wie die Murmeltiere nach frischen Kräutern. Wer besonders motiviert ist, erklimmt noch den Gerachsattel und genießt den Ausblick auf das Kleinwalsertal und den Hohen Ifen.
Am Diedamsattel beginnt der Abstieg in die im oberen Bereich steil geneigten Südhänge des Diedamskopfes. Hier entspringt der Schrannenbach, an dessen steinigem Ufer sich zwischen Latschenfeldern schöne Picknickplätze finden. Hier kann man den Tag schön ausklingen lassen, denn bis zur Mittelstation ist es nicht mehr weit.

▶ Attraktion: Mit dem Wälderbähnle von Bezau nach Bersbuch

Wenn sich die Dampflokomotive am Bahnhof in Bezau schwerfällig in Bewegung setzt, bläst sie dunkle Rauchschwaden in den Himmel. Genau so muss es auch vor 100 Jahren ausgesehen haben, als die einst mit großem Einsatz und Pioniergeist ins Leben gerufene Lokalbahn ihren Dienst aufnahm. Unter gelegentlichem Zischen und Tuten rumpelt die Schmalspurschienenbahn gemütlich über die Bahnhöfe Reuthe und Schwarzenberg nach Bersbuch und überquert unterwegs die Bregenzer Ache auf der neu erbauten Sporengeggbrücke. Die Vorgängerbrücke war im Mai 1999 vom reißenden Hochwasser fortgespült worden, der Wiederaufbau dauerte ein ganzes Jahr. An der Brücke kann man die schönsten Fotos von der Nostalgiebahn schießen.

Das Wälderbähnle benötigt für die gut sechs Kilometer eine halbe Stunde, gut 280 Personen finden in den alten Zugabteilen Platz. Es verkehrt von Mitte Mai bis Mitte Oktober an Wochenenden und Feiertagen sowie an zusätzlichen Wochentagen im Juli, August, Oktober, November und Dezember. Die einfache Fahrt kostet für Erwachsene 4,70 Euro, Kinder von 6 bis 14 Jahren zahlen 2,60 Euro. Nach Vereinbarung kann man sich sogar vom Buffetwagen „Wälderschenke" mit Getränken versorgen lassen. Manchmal wird die Dampflokomotive durch eine Diesellok ersetzt, dann wird der Fahrpreis günstiger. Allerdings bleibt dann auch das reizvolle Zischen und Dampfen auf der Strecke.

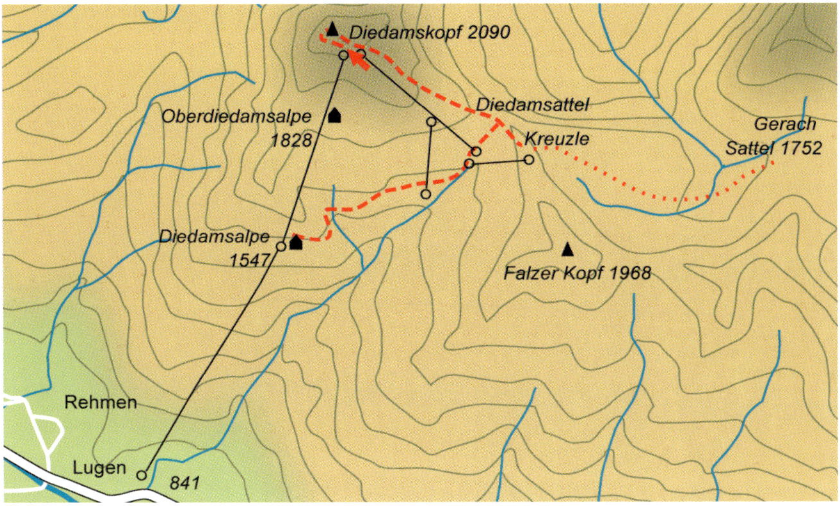

Alpenregion Bludenz

Sonnige Bergrücken, beeindruckende Naturereignisse

Gleich mehrere Täler bieten sich von Bludenz aus für einen erlebnisreichen Ausflug an. Egal, ob Seen und Quellen im Großen Walsertal, eine tiefe Schlucht im Brandnertal oder Wasserfälle im Klostertal: Überall gibt es viel Interessantes zu sehen.

Information: Alpenregion Bludenz, Rathausgasse 12, 6700 Bludenz, Tel. 05552-30227, Fax 05552-302273, alpenregion@bludenz.at, www.alpenregion.at

Regionalcard der Alpenregion:
Freie Benutzung von Bergbahnen, öffentlichen Verkehrsmitteln, Schwimmbädern und Museen im Zeitraum 1. Juni bis 30. September. Hinzu kommen Vergünstigungen bei Dorfabenden und Ausflugsfahrten.

Karte: Kompass Wanderkarte 32, Bludenz-Schruns-Klostertal, 1:50.000

16 Tour 16: Wilderer, Blaubeeren und Einsiedler

Sonnenkopf Bergstation – Muttjöchle – Kristberg – Dalaas – Sonnenkopf Talstation

Auf einen Blick

Anspruch: 2-3
Anfahrt: Mit dem Landbus Nr. 90 von Bludenz nach Wald oder mit dem Auto auf der gleichen Strecke.
Gehzeit: 4 3/4 Stunden (Sonnenkopf Bergstation – Muttjöchle 1 Std., Kristberg 1,5 Std., Dalaas 1,5 Std., Sonnenkopf Talstation 3/4 Std.)
Aufstieg: 250 Höhenmeter, **Abstieg:** 1.200 Höhenmeter
Charakter: Schöne Bergwanderung auf gut befestigten Wegen, vom Sonnenkopf bis Muttjöchle kein Schatten, deshalb bei Sonnenschein auf Sonnenschutz achten, Abstieg vom Kristberg nach Dalaas auf einem Güterweg durch den Wald.
Besonderheit: Sonnenkopfbahn, Tel. 05582-2920, www.skiregion-sonnenkopf.at, von Anfang Juli – Anfang Oktober tägl. von 8.30 – 12 Uhr und 13 – 16.30 Uhr in Betrieb.
Jäger- und Wildererstеig auf dem Sonnenkopf, jederzeit zugänglich.
Geschichtsträchtiges Bruderhüsli am Kristberg, Besichtigung in Absprache mit Herrn Zudrell aus dem Panoramagasthof Kristberg, Tel. 05556-72290.
Einkehrmöglichkeiten auf der Strecke: Panoramagasthof Kristberg, Tel. 05556-72290, www.kristberg.at, kein Ruhetag.

16

Der Sonnenkopf trägt seinen Namen zu Recht. Wenn ihr aus der Bergbahn ausgestiegen seid, werdet ihr zwar die Lufttemperatur niedriger empfinden als unten im Tal, dafür scheint euch die Sonne direkt auf den Kopf, sofern es keine Wolken gibt. Weit und breit ist kein Baum zu sehen, der etwas Schatten spenden könnte, und so müsst ihr euch unbedingt vor der Sonnenstrahlung schützen – sei es durch Sonnencreme mit einem sehr hohen Lichtschutzfaktor oder entsprechend langärmelige Kleidung und einen Sonnenhut. Sonst kann es sein, dass ihr nach der langen Wanderung einen ordentlichen Sonnenbrand bekommen habt.
Wenn ihr euch bei der Bergstation etwas umschaut, werdet ihr schnell die übergroßen Tiere entdecken, die überall in der Landschaft herumstehen. Ein junger Mann aus St. Anton am Arlberg,

16

er heißt Christoph Strolz, hat alle heimischen Wildtiere aus Holz geschnitzt, die Oberfläche geschliffen und die fertigen Holztiere auf dem Sonnenkopf aufgestellt. Ihr dürft gerne darauf herumklettern. Wenn ihr dem Jäger- und Wilderer-Steig folgt, das ist ein kurzer, etwa 10-minütiger Rundweg, dann kommt ihr an allen Tieren vorbei. Dabei wird euch sicher auch auffallen, welches Tier nicht zu den heimischen Wildarten zählt – es ist natürlich der Bär. Der hat dem jungen Künstler so gut gefallen, dass er ihn einfach auch geschnitzt hat, und das, obwohl er ihm die meiste Arbeit bereitet hat, weil er so groß ist.

Danach könnt ihr euch langsam auf die Wanderung machen, das Gipfelkreuz des Muttjöchles ist in westlicher Richtung in der Ferne bereits gut zu erkennen. Der Weg dorthin kann jedoch sehr lange dauern, wenn ihr im Spätsommer unterwegs seid. Der Grund dafür sind die unzähligen Heidelbeeren, die es unterwegs zu naschen gibt. Sie werden auch Blaubeeren genannt. Auf der ganzen Strecke sind die leckeren Früchte zu finden, sodass ihr euch gar nicht ärgern müsst, wenn zu Beginn des Wegs eure Vorgänger schon alles weggepflückt haben, später gibt es noch Heidelbeeren genug.

Oben auf dem Gipfel des Muttjöchles angekommen, seht ihr an der höchsten Stelle das Gipfelkreuz stehen. Daneben ist ein kleines Kästchen angebracht, in dem ihr verschiedene Sachen findet werdet: Erstens einen Stempel und zweitens ein Stempelkissen. Damit könnt ihr euch jetzt einen Stempelabdruck machen, als Beweis dafür, dass ihr oben auf dem Gipfel des Muttjöchles gewesen seid. Außerdem gibt es noch ein Gipfelbuch sowie Schreibstifte. Wenn ihr das Buch aufschlagt, seht ihr die Namen derjenigen eingetragen, die schon vor euch dort oben waren. Ihr schreibt jetzt eure Namen und das Datum hinein, wenn ihr wollt, könnt ihr auch noch dazuschreiben, was euch an diesem Tag besonders gefallen hat, oder was ihr unterwegs erlebt habt. Auch ein kleines Bild dürft ihr hineinmalen. Dann legt ihr das Buch, die Stifte, den Stempel und das Stempelkissen wieder zurück, damit es die nachfolgenden Wanderer ebenso vorfinden.

Vom Gipfel des Muttjöchles habt ihr einen sehr schönen Blick auf den selbst im Sommer schneebedeckten Gipfel des Piz Buin oder Schesaplana, außerdem seht ihr gut hinunter ins Brandner Tal sowie ins Große Walsertal.

Ihr verlasst den Gipfel auf der gegenüberliegenden Seite, von der ihr gekommen seid. Für die nächsten eineinhalb Stunden bis zum Kristberg geht es jetzt nur noch bergab. Die Blaubeeren am Wegesrand werden immer weniger, dafür tauchen jetzt große Felsbrocken auf, die seltsam grün gefärbt sind. Wenn ihr genau hinschaut, seht ihr, dass das Gestein von einer grünen Flechte überzogen ist. Diese Flechte wächst extrem langsam – es kann fast hundert Jahre dauern, bis eine Fläche von der Größe eines Fingernagels bewachsen ist.

Etwa eine Viertelstunde nachdem ihr den Gipfel verlassen habt, beginnt ein Wald, in dem es jetzt im

16

Schatten der Bäume etwas kühler wird. Dafür gibt es allerdings bis zum Kristberg keine so gute Aussicht mehr. Dort angekommen, könnt ihr euch im Panoramagasthof erst einmal stärken.
Auf dem Kristberg wurde zu Beginn des 14. Jahrhunderts Silber abgebaut. Die Bergknappen trieben tiefe Stollen in den Berg, deren Eingänge man heute noch gut erkennen kann.

Der Wirt im Panoramagasthof heißt Zudrell, und wenn ihr höflich fragt und Herr Zudrell nicht gerade in den Stall muss, um die Kühe zu melken und zu füttern, nimmt er euch gerne mit zum Bruderhüsli. Dazu steigt ihr zusammen einige Minuten auf einem steilen Zick-Zack-Weg in Richtung Dalaas hinab. Unterwegs erzählt er euch gerne die Geschichte vom Bruderhüsli. Sie geht ungefähr so:
„In der Gegend lebte im ausgehenden 15. Jahrhundert der Waldbruder Joss (Jodok) Erhard. Er baute sich auf der waldigen Höhe eine Klause und eine Kapelle zum Heiligen Geist. Er lebte dort in engem Kontakt mit den zu beiden Seiten des Kristbergsattels arbeitenden Bergleuten. An seiner Klause vorbei führte der wichtige Verbindungsweg vom Kristberg hinab ins Klostertal. Der Einsiedler übte einen großen Einfluss auf das religiöse Leben der Bergleute aus. Er gab ihnen Rat und Hilfe und war der Mitbegründer und Hauptstifter der berühmt gewordenen Dreifaltigkeits-Bruderschaft auf dem Kristberg. Diese Bruderschaft muss eine sehr große Mitgliederzahl im ganzen Bergbaubezirk gehabt haben.
Der Waldbruder Joss Erhart hatte anscheinend keinen Nachfolger. Mit dem Niedergang des Bergbaus ist auch das Wissen um das Wirken dieses Mannes aus dem Gedankengut der Bevölkerung

von Silbertal und Dalaas entschwunden. Kapelle und Klause fielen dem Zahn der Zeit zum Opfer. Heute sind nur noch kärgliche Reste von Grundmauern vorhanden, und auch sie sind überwuchert von Moosen und Farnen. Vor etwa 150 Jahren hat jedoch ein Pfarrherr aus Silbertal dieses Testament entdeckt und, vom Inhalt der Schrift bewegt, dem Andenken des Einsiedlers in der Nähe der früheren Klause eine Kapelle bauen lassen. Diese Kapelle heißt im Volksmund ‚das Bruderhüsli'. Die Bewohner der Umgebung haben um diese Kapelle eine eigene Sage gesponnen."

Direkt neben dem Bruderhüsli entspringt eine kleine Quelle, an der ihr eure Trinkflaschen noch einmal auffüllen könnt, bevor es auf dem Güterweg hinunter nach Dalaas geht. Von dort kommt ihr auf dem Wanderweg zur Talstation der Sonnenbergbahn zurück, der am Flussufer entlang nach Wald führt. Das dauert ungefähr eine Dreiviertelstunde. Ihr könnt aber auch in Dalaas des Bus nehmen, wenn ihr schon sehr müde seid und keine Lust mehr zum Wandern habt.

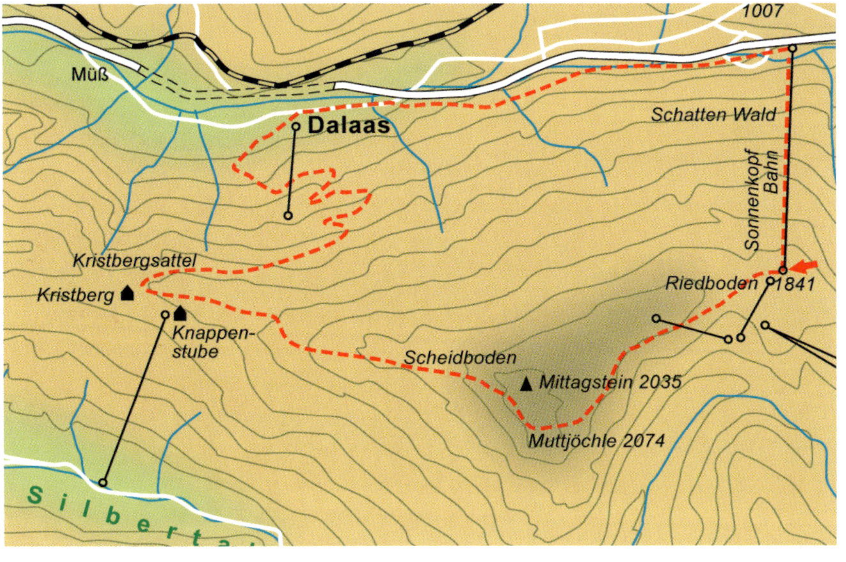

16 ▶ Extra-Tipp für Dalaas: Wandern mit dem Esel Stanislaus und Klettern am Übungsfelsen

Die Gemeinde Dalaas hält zwei sehr schöne Freizeitaktivitäten für Kinder bereit. Jeden Montag um 16 Uhr kommt Reinhold Konzett mit seinem Esel Stanislaus zum Bahnhofsplatz in Dalaas, wo er von den Kindern schon sehnsüchtig erwartet wird. Die mitgebrachten Rucksäcke werden auf den Rücken des Esels geladen und der Zug setzt sich in Bewegung. Etwa zwei Stunden später ist eine idyllisch an einer Bergwiese gelegene Hütte oberhalb von Dalaas erreicht, die Kinder schwärmen erst einmal aus, um Holz für das Grillfeuer zu sammeln. Reinhold Konzett, der 16 Jahre lang Wirt auf der Schesaplana-Hütte war und sich heute noch viel zu jung fühlt, um in Rente zu gehen, hat den ehemaligen Heustadel aus dem 17. Jahrhundert nach alten Plänen selbst ausgebaut, und zwar so, wie es zu der Zeit üblich war, als er als Bergbauernkind in Tirol aufgewachsen ist. Seppl, der bärtige Schnitzer aus Dalaas, hat ihm dabei geholfen.

Die Nacht verbringen alle in der urigen Hütte, die Kinder schlafen in der oberen Etage, die Erwachsenen haben ihr Lager ebenerdig. Im frischen Heu ist es sehr weich und kuschelig. Morgens können es alle kaum erwarten, bis Reinhold zum Frühstück leckere Bratkartoffeln zubereitet, natürlich in einer Pfanne, die der gelernte Kupferschmied selbst von Hand gefertigt hat. Später gibt es dann noch eine kleine Wanderung hinauf zur Mosterin-Alpe, um 14 Uhr geht der erlebnisreiche Ausflug in Dalaas zu Ende. Wer mitmachen möchte, muss sich vorher unter Tel. 05585-7244 anmelden, die Kosten sind pro Familie 35 Euro.

Gleich neben dem Freibad findet ihr die nächste Attraktion von Dalaas, den Klettergarten Schröfele. Unter Anleitung von Martl und Sepp, den beiden Männern von der Bergrettung, könnt ihr hier eure Kletterkünste unter Beweis stellen. Jeden Donnerstag ist von 17 – 19 Uhr Kinderklettern angesagt, das Ganze ist kostenlos und Ausrüstung braucht ihr auch keine mitzubringen. Helme, Seile und Geschirre sind vorhanden, ihr könnt direkt ohne Anmeldung einfach hingehen.

Tour 17: Der Masonwasserfall 17

Braz – Masonwasserfall – Innerbraz – Braz

Auf einen Blick

Anspruch: 1-2
Anfahrt: Mit dem Landbus Nr. 90 von Bludenz nach Braz, Haltestelle Gasthof Traube, oder mit dem Auto auf der gleichen Strecke.
Gehzeit: 3 Stunden (Braz – Masonwasserfall 1 1/2 Std., Innerbraz 1 Std., Braz 1/2 Std.)
Auf- und Abstieg: 220 Höhenmeter
Charakter: Gemütliche Streckenwanderung oberhalb der Gemeinde Braz mit einem steilen Abstecher zum wunderschönen Masonwasserfall. Bis zur Bachüberquerung kurz vor dem Wasserfall auch mit Kinderwagen möglich.
Besonderheit: 40 Tafeln geben einen Überblick zur Geschichte, Geologie, Pflanzen- und Tierwelt, Wasserversorgung sowie zur Landwirtschaft der Region.
Geheiztes Alpenschwimmbad Braz, Tel. 05552-28211, Juni – September tgl. 9 – 20 Uhr geöffnet, außer bei schlechtem Wetter.
Einkehrmöglichkeiten auf der Strecke: verschiedene Gasthöfe in Außer- und Innerbraz.

Fährt man die Straße im Klostertal entlang, ist der Masonwasserfall oberhalb von Braz schon von weitem zu sehen: Fast 90 m stürzen die Wassermassen senkrecht über die Felswand nach unten, insbesondere nachmittags, wenn die Sonne draufscheint, ist das weiß sprudelnde Wasser gut zu erkennen. Was liegt näher, als sich den Wasserfall aus der Nähe anzuschauen, zumal eine sehr schöne Wanderung dorthin möglich ist.

17

Der Weg beginnt direkt an der Bushaltestelle beim Gasthof Traube, auf dem Schwimmbadweg geht ihr zunächst geradeaus den Berghang hinauf bis zum Schwimmbad. Das schön am

Waldrand gelegene Bad könnt ihr euch ja schon einmal für die Rückkehr vormerken, es hat bis 20 Uhr geöffnet.

Jetzt geht ihr rechts am Freibad vorbei und gleich wieder links weiter den Berg hinauf. Unter der Bahnstrecke hindurch kommt ihr bald zu einem Haus, vor dem ein Schild mit der Aufschrift „Privat" steht. Ihr wandert hier links auf einem schmalen Pfad den Hang empor und folgt diesem Pfad, der am rechten Bachufer durch die Büsche steil nach oben führt. Er endet etwas abrupt an einer Staumauer, dort kommt ihr über mehrere Treppenstufen auf einen Güterweg, auf dem ihr euch rechts haltet. Dabei könnt ihr euch an der rot-weißen Wegmarkierung orientieren.

Kurz darauf beginnt der Lehrwanderweg, auf 40 großen Tafeln bekommt ihr alles Wissenswerte über Geschichte, Geologie, Pflanzen- und Tierwelt, Wasserversorgung sowie über die Landwirtschaft der Region erzählt. Damit ihr die Tafeln auch immer gleich findet, sind die Stellen, an denen sie stehen, mit bunt bemalten Kieselsteinen markiert.

Der Weg zieht sich in weiten Serpentinen durch große Wiesen langsam nach oben. Unter euch könnt ihr die Ortschaft Braz gut erkennen. Der Ort wird als Straßendorf bezeichnet, da fast

alle Häuser wie Perlen auf einer Schnur links und rechts der großen Straße aufgereiht sind. Schon vor über hundert Jahren war diese Straße eine wichtige Verbindung zwischen Tirol und Vorarlberg. Salz aus Hall und viele andere Handelswaren wurden durch das Tal transportiert.
Die Talbevölkerung lebte von diesem Verkehr, sie arbeiteten als Gastwirte, Schmiede, Seiler, Wagner, Brücken- und Wegemacher, Pferdeknechte und Säumer, Frächter und Zolleinheber; Berufe, die es teilweise heute gar nicht mehr gibt. Da damals jeder seine Arbeit anbieten wollte, haben sie ihre Häuser einfach nebeneinander direkt an der Straße gebaut.
Seitdem hat der Verkehr deutlich zugenommen, fast 5.000 Autos, 2.000 Lastwagen und 100 Busse fahren jeden Tag durch das Tal, hinzu kommen über 40 Schnell- und 30 Güterzüge.
Zum Glück ist der Fahrzeuglärm hier oben auf dem Berg kaum mehr zu hören.
Braz wurde im Jahr 1282 erstmals urkundlich erwähnt. Der Ortsname stammt von den Rätoromanen, die damals das gesamte Klostertal besiedelten. Er wird von „Pratum" abgeleitet, was übersetzt „Wiese" bedeutet und auf die herrlichen Wiesen hinweist, durch die ihr gerade gekommen seid. An manchen Stellen findet ihr noch den ungedüngten

Trockenrasen, der im Sommer voller bunt blühender Orchideen, Enziane und Arnika ist. Diese Trockenrasen ergeben das beste

17

Heu, das früher zunächst in den Heubargen aufbewahrt wurde, bis die Bauern es bei Schnee mit Schlitten ins Tal bringen konnten. Heute sind diese Holzhütten nicht mehr notwendig, denn das Heu wird mit dem Traktor transportiert.

Ab einer bestimmten Stelle könnt ihr plötzlich zum ersten Mal das Getöse des Wasserfalls hören, kurz darauf überquert ihr auf zwei kleinen Holzbrücken den Masonbach. Ein Stück weiter beginnt linker Hand der Stichweg hinauf zum Wasserfall. Der Pfad führt ziemlich steil durch den Nadelwald nach oben, wer es zu schnell angeht, kommt recht bald außer Atem und muss wieder eine Pause einlegen.

Nach etwa 45 Minuten ist es endlich so weit, hinter einer Wegbiegung habt ihr den Wasserfall erreicht. Ohrenbetäubend klatscht das Wasser aus über 90 m auf den Felsboden, feine Wassertröpfchen werden durch die Luft gewirbelt.

Bei entsprechendem Stand der Sonne könnt ihr einen schönen Regenbogen sehen. Wenn ihr genau hinschaut, seht ihr, dass der Regenbogen auf der einen Seite heller ist als auf der anderen.

Neben der Picknickbank findet ihr in einem kleinen Holzkasten das Wasserfall-Buch. Ihr könnt euch hier eintragen und, wer möchte, ein Bild hineinmalen. Auch ein Stempel liegt darin, sodass ihr mit seinem Abdruck euren Freunden zuhause auch beweisen könnt, direkt am Masonwasserfall gewesen zu sein.

Der Weg endet hier oben und ihr müsst zunächst das ganze Stück bis zur Abzweigung wieder zurückstapfen.
Dort geht ihr links auf dem Lehrpfad weiter, der Güterweg führt langsam wieder talwärts in Richtung Innerbraz. Etwas weiter unten trefft ihr wieder auf den Masonbach, der hier in einem so genannten Tobel fließt. So nennt man einen Bachlauf, der sich in einer V-Form tief in den Waldboden eingeschnitten hat.

Da der Tobel heute durch Wiesen verläuft, in die sich der Bach normalerweise nicht so tief eingräbt, kann man daraus schließen, dass an dieser Stelle früher einmal ein Wald war.
Der Lehrpfad endet direkt beim Gemeindeamt in Innerbraz. Ihr geht am besten von hier an der Hauptstraße zurück nach Braz. Das dauert etwa eine halbe Stunde. Unterwegs kommen einige Gasthöfe, in denen ihr noch gemütlich einkehren könnt.

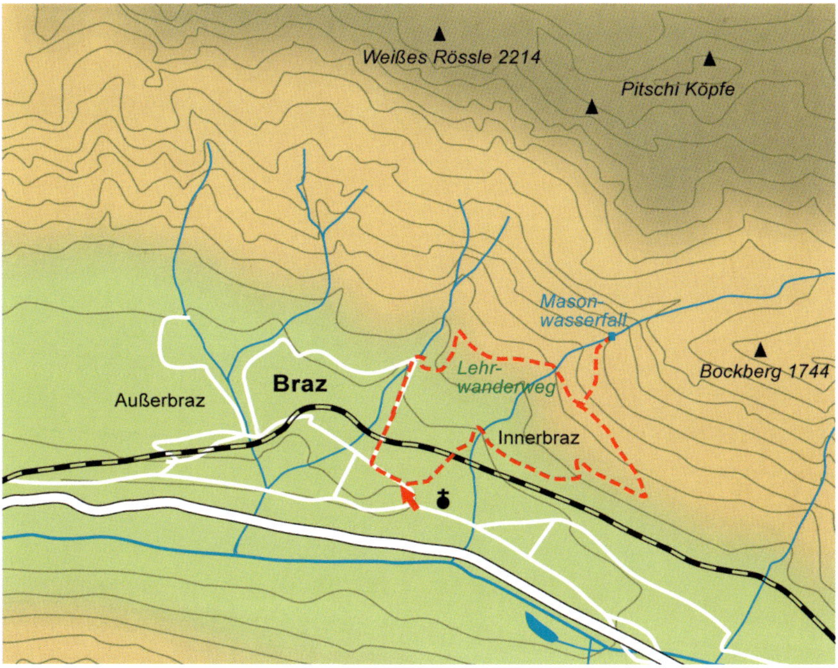

18 Tour 18: Zeugen der Zwischeneiszeit

Bürs – Bürser Schlucht – Bürserberg – Kuhloch – Bürs

Auf einen Blick

Anspruch: 1-2
Anfahrt: Mit dem Landbus Nr. 81 von Bludenz nach Bürs, Haltestelle Gasthof Adler oder mit dem Auto auf der gleichen Strecke.
Gehzeit: 2 1/2 Stunden (Bürs – Bürserberg 1 1/2 Std., Kuhloch 1/2 Std., Bürs 1/2 Std.)
Auf- und Abstieg: 150 Höhenmeter
Charakter: Rundtour mit Aufstieg durch die Bürser Schlucht, ein Stück weit auf der Ebene bei Bürserberg und Abstieg durch den Wald zurück nach Bürs.
Besonderheit: Auf 15 Tafeln werden die geologischen Besonderheiten am Weg ausführlich erklärt.
Einkehrmöglichkeiten auf der Strecke: Verschiedene Gasthöfe in Bürs, Kiosk kurz vor dem Abstieg.

Die Bürser Schlucht gilt als geologische Besonderheit, da sie in einer so genannten Zwischeneiszeit entstanden ist. Im gesamten Alpenraum gibt es nur zwei Stellen, die das von sich behaupten können. Unterwegs sind Tafeln aufgestellt, die auf die geologischen Besonderheiten eingehen. Unabhängig davon ist die Bürser Schlucht aufgrund ihrer ursprünglich belassenen landschaftlichen Schönheit eine Wanderung wert, auf der es viele Dinge zu entdecken gibt.
Von der Ortsmitte in Bürs führt der Weg am Gemeindeamt vorbei

18

zum alten Elektrizitätswerk. An dessen Parkplatz ist eine große Schautafel angebracht, auf der die gesamte Route übersichtlich dargestellt ist. Rechts neben dem Kraftwerksgebäude führt eine Treppe zum Beginn des Schluchtenwegs. Schon nach wenigen Metern müssen die Großen ihre Köpfe einziehen, um nicht an die überhängenden Felsen zu stoßen. Ein Stück weiter müsst ihr euch schmal machen, um zwischen den herumliegenden riesigen Steinblöcken hindurchzukommen.
Natürlich fragt sich jeder, warum diese Steinblöcke ausgerechnet hier mitten auf dem Weg liegen und wie sie dorthin gekommen sind.
Das Ganze hat sich vor etwa 100.000 Jahren ereignet, als es im Alpenraum eine Eiszeit gab. Im Grunde war es jedoch keine richtige Eiszeit, wie es sie schon früher gab, als das ganze Land unter einer bis zu hundert Meter dicken Eis- und Schneeschicht lag. Die Forscher sprechen von einer Zwischeneiszeit, die nicht ganz so heftig ausfiel. Aber immerhin reichte die Kälte für den Schesaplanagletscher aus, den ihr übrigens heute oberhalb des Lünersees sehen könnt, um sich durch das Brandnertal und weiter bis nach Wallgau auszubreiten.
Der Gletscher hat Kalk aus dem hinteren Teil des Tals mit sich geschoben und mit herumliegenden Kieselsteinen vermischt. Der Kalk hat wie Beton die Steine verbunden, sodass riesige Brocken entstanden sind, wie ihr sie am

Eingang der Schlucht sehen könnt. Sie werden als „Bürser Konglomerat“ bezeichnet, weil sie ein Gemisch aus Kalk und Steinen darstellen.

18 Ein Stück tiefer in der Schlucht könnt ihr ein weiteres Naturphänomen beobachten. Es sind die Tuffrinnen, in denen kleine Bächlein Richtung Alvier, das ist der Fluss in der Mitte der Schlucht,

fließen. Normalerweise ist es so, dass sich ein kleiner Bach im Wald in den Boden eingräbt. Hier wächst aber genau andersherum das Bachbett immer weiter nach oben. Der Einheimische Hans Jäger, der ein interessantes Buch zur Bürser Schlucht geschrieben hat, erklärt darin diese Erscheinung. Demnach versickert Regenwasser oberhalb der Schlucht und sickert durch den Boden nach unten. Dabei löst es Kalk aus und führt ihn mit. Unten in der Schlucht kommt dieses Wasser wieder an die Oberfläche und verliert durch eine chemische Reaktion wieder den Kalk, der sich in der Rinne ablagert. Da immer mehr Kalk nachgeführt wird, wird die Rinne immer höher. Alles geschieht natürlich sehr langsam, aber in einigen hundert Jahren kommen meterhohe Rinnen zustande.

Bis zum Ende der Schlucht überquert ihr den Fluss an zwei Stellen, von beiden Brücken könnt ihr tief hinunterblicken in das tosende Wasser. Danach geht es rechts über eine fast endlose Treppe den Berghang hinauf, oben angekommen nehmt ihr dann den „Kuh-

lochweg", der rechts abzweigt. Mit dem „Kuhloch" hat es eine besondere Bedeutung. Sobald ihr dort angekommen seid, werdet ihr sehen warum. Ihr müsst euch vorstellen, dass der Gletscher der Zwischeneiszeit irgendwann einmal abzutauen begann. Das abfließende Wasser hat an dieser Stelle zwischen den Felsen einen höhlenartigen Raum ausgespült, durch den ihr jetzt gehen könnt. Woher der Name „Kuhloch" kommt, ist hingegen ungeklärt. Manche meinen, das kommt davon, dass die in der Umgebung weidenden Kühe bei schlechtem Wetter hier einen schützenden Unterstand gefunden haben, andere wiederum sagen, der Name kommt davon, dass tatsächlich einmal eine Kuh zwischen den Felsbrocken abgestürzt und in das Loch gefallen ist.
Hinter dem „Kuhloch" führt der Weg langsam wieder bergab in Richtung Bürs, unterwegs kommt ihr bei der Brandnerstraße an einem kleinen Kiosk vorbei. Wenn es euch direkt an der Straße etwas zu laut ist, könnt ihr auch gleich weitergehen bis nach Bürs, der Abstieg dauert nur noch etwa 15 Minuten.

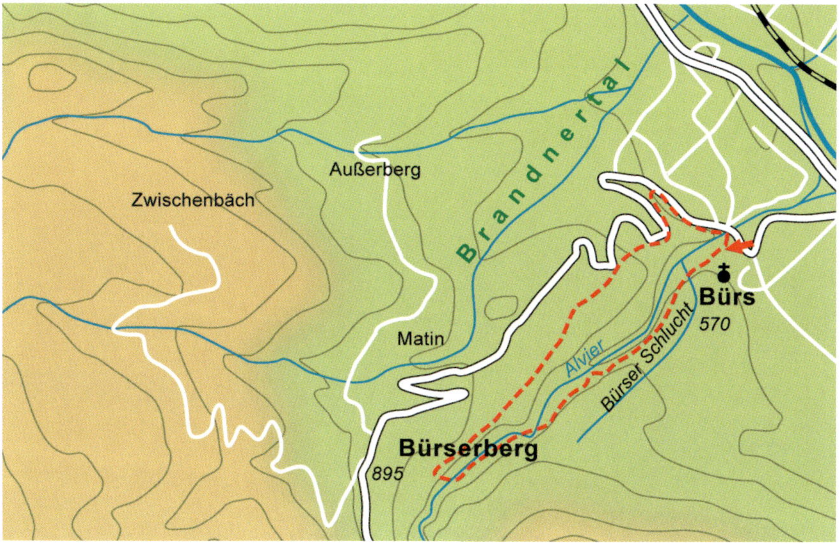

19 Tour 19: Rund um den Lünersee

Bergstation Lünerseebahn – Alpe Lünersee – Bergstation Lünerseebahn

Auf einen Blick

Anspruch: 1
Anfahrt: Mit dem Landbus Nr. 81 von Bludenz direkt zur Talstation der Bergbahn oder mit dem Auto auf der gleichen Strecke.
Gehzeit: 2 Std. (Bergstation Lünerseebahn – Alpe Lünersee 1 Std., Bergstation Lünerseebahn 1 Std.)
Auf- und Abstieg: 100 Höhenmeter
Charakter: Einfache und gemütliche Bergwanderung einmal um den Lünersee. Der Weg auf der westlichen Seite bis zur Alpe Lünersee ist auch mit Kinderwagen möglich.
Besonderheiten: Lünerseebahn, Tel. 05556-72444, www.vol.at/illwerke-tourismus, Ende Mai – Ende Oktober tgl. 8 – 12.20 Uhr und 13.10 – 17 Uhr stündliche Fahrten, bei Andrang durchgehender Betrieb.
Erlebnis-Abenteuer-Weg „Tiere auf dem Bauernhof" mit Streichelzoo in Brand, freier Eintritt, Mai bis Oktober täglich geöffnet, Rundweg mit verschiedenen Tierstationen und Spielplätzen, reine Gehzeit ca. 1/2 Stunde.
Einkehrmöglichkeit auf der Strecke: Alpe Lünersee am hinteren Ende des Sees, täglich geöffnet.

Der Lünersee zählt zu den größten Bergseen des gesamten Alpenraums. Würde man das ganze Wasser des Lünersees in Literflaschen abfüllen, dann könnte jeder Mensch auf der Erde immerhin 12 Flaschen davon bekommen. Das Wasser des Lünersees hat jedoch eine bestimmte Aufgabe, nämlich elektrischen Strom zu erzeugen. Über eine meterdicke Rohrleitung fließt das Wasser in das etwa 1000 m tiefer gelegene Kraftwerk Latschau. Durch den großen Höhenunterschied bekommt das Wasser ähnlich wie bei einem Wasserfall so viel Kraft, dass es dort die riesigen Turbinen antreiben kann, bei deren Drehung dann elektrischer Strom entsteht. Der Großteil des Wassers im Lünersee stammt vom Schesaplanagletscher, den ihr von der Terrasse des Restaurants aus sehen könnt. Damit noch etwas mehr hineinpasst und damit auch nichts überlaufen kann, hat man schon vor über 50 Jahren die große Staumauer errichtet, über die ihr zu Beginn der Wanderung geht. Dabei hat man das Gefühl, wie über eine lange Brücke zu gehen. Wenn jemand nicht ganz schwindelfrei ist und nicht auf der steilen Talseite hinunterschauen möchte, kann er zum Wasser blicken, dort ist die Mauer überhaupt nicht hoch.

Vom Ende der Mauer weg geht der Wanderweg gleich in Serpentinen steil den Berghang hinauf, oben angekommen habt ihr dann einen schönen Blick auf den See. Danach geht es gleich wieder

19

hinunter, bis ihr fast am Seeufer angekommen seid. Dort führt der Weg dann relativ flach etwas oberhalb vom See entlang.
Nach etwa einer Stunde Gehzeit seid ihr am hinteren Ende des Sees bei der Alpe angekommen.
Die Alpgemeinschaft Vandans hat hier auf den umliegenden Weiden ihr Jungvieh untergebracht, etwa 100 junge Rinder und Kälber, auch Galtvieh genannt. So heißen die jungen Tiere, so lange sie noch keine Milch geben. Damit aber die Wanderer keinen Durst leiden müssen, sind auch fünf Milchkühe heroben, sodass ihr zwischen Milch, Buttermilch und Sauermilch wählen könnt. Am besten schmeckt jedoch die Himbeermilch. Von welcher Kuh die wohl ist?

Zu essen gibt es auf der Alpe Lünersee auch etwas, nämlich Speck- und Käsebrot. Der Käse wird aber nicht vor Ort erzeugt, denn der Aufwand lohnt sich nur, wenn es Milch von vielen Kühen gibt. Wenn ihr dann satt und ausgeruht seid, geht die Rundtour auf der anderen Seite des Sees weiter. Hier ist das Ufer recht flach und an manchen Stellen könnt ihr direkt an den See herangehen. Probiert doch mal mit den Händen oder Füßen aus, wie kalt das Wasser selbst im Sommer ist. Dann vergeht euch schnell die Lust am Baden.
Auf der Rückfahrt mit der Bergbahn könnt ihr noch einmal ganz genau das „Gämsennest" betrachten, von dem der Bahnführer bei der Auffahrt gesprochen hat. Wer genau hinschaut, bemerkt jetzt si-

cher, dass es sich nur um ausgestopfte Tiere handelt. Oder hättet ihr gedacht, dass Gämsen tatsächlich Eier ausbrüten?
Wenn ihr von der Talstation wieder mit dem Bus oder dem Auto zurückfahrt, solltet ihr in Brand noch einen kleinen Zwischenstopp einlegen. Direkt gegenüber vom Gemeindeamt beginnt auf der rechten Seite unten am Fluss ein Erlebnis-Abenteuer-Weg „Tiere auf dem Bauernhof", auf dem ihr

neben einem schönen Spielplatz auch viele Tiere zum Streicheln findet.

Ölz Der Meisterbäcker

Köstlichkeiten

für die ganze Familie
Ölz
SCHOKO KUCHEN
Ölz
Linzer Schnitte
Ölz
Nusskipferl
Ölz
Butter Zopf
mit Honig
Ölz
SCHUL-MAUS
mit feiner Kakao-Cremefüllung
Jeder schmeckt, daß Ölz mit Liebe bäckt.

20 Tour 20: Stille und sprudelnde Wasser im Großwalsertal

Fontanella Säge – Seewaldsee – Buchboden – Schwefelquelle – Sonntag

Auf einen Blick

Anspruch: 2 (bis zum See: 1)
Anfahrt: Von Bludenz von Thüringen durch das Großwalsertal, vom Bregenzerwald über Damüls und Faschina nach Fontanella. Busverbindung mit den Linien 76/73 und 77. Von Sonntag geht es mit dem Landbus zum Ausgangsort zurück.
Gehzeit: 4 Std. (Seewaldsee 3/4 Std., Buchboden 1 Std., Schwefelquelle 1/4 Std., Sonntag 2 Std.)
Aufstieg: 100 Höhenmeter, Abstieg: 400 Höhenmeter
Charakter: Zwischen Säge und See gemütlicher, überwiegend asphaltierter Panoramaweg. Der Abstieg nach Buchboden verläuft anfangs durch sehr steiles Waldgelände (Achtung: Rutschgefahr), dann auf einer Teerstraße. Schließlich geht es über die Schwefelquelle auf dem Walserweg am Lutzbach entlang und zuletzt mit kleinem Gegenanstieg zum Ziel.
Besonderheiten: Seewaldsee, Schwefelquelle
Einkehrmöglichkeiten auf der Strecke: Jause Seewaldtreff, Gaststätten in Buchboden

Nachdem der Schaffner das Signal zum Losfahren gegeben hat, setzt sich das Großwalser Zügli langsam in Bewegung. Zunächst überwindet es vom Gasthof Stern in Fontanella die Steigung zum Sägewerk, biegt dann rechts in den Teerweg ein und steuert

durch eine kleine Bachschlucht in Richtung Seewaldsee. Unterwegs gibt es immer wieder Haltestellen, an denen gehfaule Passagiere zusteigen können. Dreimal täglich (9.30, 11.30 und 14.30 Uhr) ist Startzeit, das Vergnügen kostet pro Erwachsenen 2 Euro und pro Kind 1 Euro. Dies sei zum Einstieg erwähnt, damit die wandernden Kinder unterwegs beim Passieren des Zuges nicht plötzlich große Krokodilstränen weinen.
Der Seewaldsee liegt versteckt in einer romantischen Waldsenke und taucht erst auf, wenn wir direkt darüber stehen. Er hat zwar keinen nennenswerten Zu- oder Abfluss, doch der wasserundurchlässige Grund hält seinen Pegel auf konstantem Niveau. Auf diese Weise kann sich das Wasser im Sommer relativ schnell erwärmen, dem Badevergnügen inklusive Wettschwimmen zu den drei Flößen steht also nichts mehr im Wege. Für seine überschaubare Größe ist der romantische See mit rund 25 m übrigens erstaunlich tief. An den Grashängen weiden zahlreiche Schafe und beobachten das bunte Treiben am See. Wetten, dass ein schwarzes Schaf darunter ist?

Vielleicht sehen die Tiere auf der Wiese am Seeufer unter den Badegästen ein etwa 13-jähriges Mädchen Federball spielen. Dies könnte Barbara sein, die Tochter des Sägemeisters, denn Federball zählt im Sommer neben Schwim-

men zu ihren Lieblingsbeschäftigungen. Vormittags geht sie in die Schule nach Blons, doch nachmittags zieht es sie bei schönem Wetter mit ihren Freunden oft an den See. Ihr Vater fällt derweil

20

alte kranke Bäume im Wald oder verarbeitet das Holz zu Kinderschaukeln und -wippen, Sandkästen, Spielhäusern und Türmen für Rutschbahnen. Die Produkte seines Schaffens verkauft er direkt beim Sägewerk.

Hinter dem See beginnt die landschaftlich schönste Wegstrecke der Tour: Der Wurzelsteig windet sich an moosbewachsenen Felsklötzen vorbei durch dichten Wald steil bergab. Über ein plötzliches Auftauchen eines kleinen Hexenhäuschens würden wir uns in dieser Märchenlandschaft nicht wundern. Bitte nicht ausrutschen, denn an manchen Stellen führen die Abhänge gefährlich in die Tiefe. Flink wie die Wiesel überwinden die Kinder diesen aufregenden Abschnitt, bevor das Gelände abflacht und auf der Seitenmoräne eines ehemaligen Gletschers weitergewandert wird. Anschließend landen wir auf einer kleinen Teerstraße, auf der es an einem Pferdestall vorbei nach Buchholz geht.

Unterhalb von Buchholz erwartet uns ein weiterer Höhepunkt: die Schwefelquelle. Nach kurzem Abstieg gelangen wir in den Talgrund des Lutzbaches. Um zur Schwefelquelle zu gelangen, müssen wir die Brücke überqueren, die von zwei natürlichen Felspfeilern getragen wird. Beeindruckend der Blick in die schäumenden Fluten, hier entfaltet der Bach seine ganze Kraft. In Sichtweite sprudelt die Schwefelquelle in ein kleines Bassin. Also Schuhe ausziehen und durchwaten, das fördert die Durchblutung der Haut. Neben der Quelle wurde ein kleiner Grill- und Rastplatz installiert. Sollten die besten Plätze belegt sein, einfach dem sandigen Pfad durch das Gebüsch folgen und sich unmittelbar am Bachufer ausbreiten.

Der Lutzbach wird uns fortan eine ganze Weile lang begleiten. Auf den Spuren der Walser wandern wir in westlicher Richtung am Ufer entlang und wundern uns über die gewaltigen Mengen an Schwemmholz im breiten Kiesbett des nun etwas zahmer fließenden Baches. Das Holz wurde im Sommer 2002 infolge sintflutartiger Regenfälle als sperrige Fracht angespült und dürfte wohl noch einige Zeit die Landschaft zieren. Zudem haben die gewaltigen Wassermassen eine Menge Erdreich fortgespült und das Bachbett auf diese Weise enorm ausgeweitet. Auch die Wege wurden durch die Flut zum Teil in Mitleidenschaft gezogen, darunter der direkte Anstieg in das Zentrum von Sonntag. Doch fleißige Hände haben den Weg bis 2003 wieder instandgesetzt und somit den letzten Anstieg durch schönen Wald freigegeben.

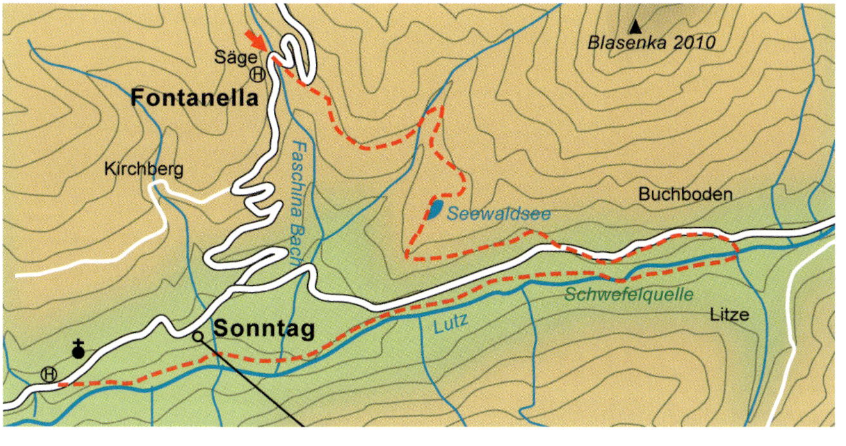

Montafon

Die alpine Ecke Vorarlbergs

Der Name Montafon leitet sich aus dem Lateinischen ab und bedeutet so viel wie „Berge der Quellen“. Die größte Quelle, die Ill, entspringt den Gletschern der Silvretta und fließt mit hoher Geschwindigkeit durch das tief eingeschnittene Montafoner Tal. Bei Wanderungen oberhalb der Waldgrenze bilden die zum Teil verschneiten Berggipfel eine beeindruckende Kulisse. In keiner anderen Region Vorarlbergs ist der alpine Charakter so stark ausgeprägt wie hier.

Information: montafon tourismus, Montafonerstr. 21, 6780 Schruns, Tel. 05556-722530, Fax 74856, info@montafon.at, www.montafon.at

montafon-silvretta-card: Ermöglicht die uneingeschränkte Nutzung zahlreicher Freizeiteinrichtungen im Montafon und in der Silvretta an 3 (Erw.: 29,50 Euro; Kind: 17,50 Euro), 7 (38,50/21,50 Euro), 10 (48,50/28,50 Euro) oder 14 Tagen (67/39,50 Euro), darunter Bergbahnen, öffentliche Frei- und Hallenbäder, Museen, öffentliche Verkehrsmittel und Bergführer für alle geführten Wanderungen.

Karte: Kompass-Wanderkarte Alpenpark Montafon, 1:35.000 (erhältlich in allen Tourismusbüros)

21 Tour 21: Aufstieg zur Wormser Hütte

Kapellalpe (Bergstation) – Alpe Innerkapell – Schwarzsee – Wormser Hütte (1. Tag)

Auf einen Blick (1. Tag)

Anspruch: 2
Anfahrt: Von Feldkirch oder St. Anton über Bludenz nach Schruns, alternativ auf der Silvretta Hochalpenstraße. Zugverbindung über Bludenz nach Schruns. Busse verkehren von der Bielerhöhe (Linie 85) und vom Silbertal (Linie 88). In Schruns mit der Seilbahn zur Bergstation Kapellalpe.
Gehzeit: 3 Std. (Bergstation Kapellalpe – Alpe Innerkapell 1 Std., Schwarzsee 1 1/2 Std., Wormser Hütte 1/2 Std.)
Aufstieg: 650 Höhenmeter, Abstieg: 200 Höhenmeter
Charakter: Bis zur Alpe Innerkapell auf dem Fahrweg überwiegend leicht bergab, dann führt ein gut ausgebauter Steig über Schwarz- und Herzsee zur Wormser Hütte. Da die Tour im Hochgebirge verläuft, ist eine entsprechende Ausrüstung unabdingbar.
Besonderheit: Sennereibesichtigung der Alpe Innerkapell (mittwochs nach Voranmeldung bei der Tourismus-Information Schruns, Tel. 05556-72166)
Seilbahn: Hochjochbahn Schruns, Fahrbetrieb Mitte Juni – Mitte Oktober bei günstiger Witterung täglich von 8.30 – 17 Uhr halbstündlich, bei Bedarf durchgehender Betrieb, Tel. 05556-72126.
Einkehrmöglichkeiten auf der Strecke: Alpe Innerkapell, Wormser Hütte
Übernachtung: Wormser Hütte (2305 m), geöffnet Mitte Juni – Mitte Oktober und Weihnachten – Ostern, Tel. 0664-1320325

21

Der direkteste Anstieg zur Wormser Hütte erfolgt entlang des Sesselliftes zum Sennigrat. Warum wir diesen Anstieg jedoch meiden, erkennen wir bereits von der Bergstation der Hochjochbahn: Der gesamte Hang ist weitflächig mit Lawinenverbauungen versehen, worunter Natur und Auge gleichermaßen zu leiden haben. Infolge der Klimaveränderung und menschlicher Eingriffe finden Muren und Lawinen in den Steilhängen oberhalb der Waldgrenze immer bessere Rutschbahnen. Jede Lawine hat eine enorme Zerstörungskraft und trägt wiederum zur Erosion des Hanges bei. Das Gleiche gilt für Menschen und Kühe, die abseits der Wege vor allem in feuchten Sommern tiefe Löcher und Furchen in der ohnehin durchweichten Grasnarbe hinterlassen. Ein Teufelskreis, der offenbar nur durch technische Eingriffe in die Natur gestoppt werden kann.
Landschaftlich reizvoller ist der Umweg über die Alpe Innerkapell und den Schwarzsee, auch wenn wir auf dem Fahrweg zur Alpe einige Höhenmeter verlieren. Die Alpe

liegt idyllisch in einer Wiesensenke am Teufelsbach oberhalb des Schattenwaldes, der für sein Wildreichtum bekannt ist. In den Herbstmonaten, wenn der Wettstreit um Revier und Braut seinen Höhepunkt erreicht hat, ist das brunftbedingte Röhren des Hirsches kilometerweit zu hören. Das junge Alpehepaar Filzmoser bewirtet seine Gäste mit Sauerkäse und Buttermilch, mittwochs findet eine Führung durch den Käsekeller statt. An der Alpe beginnt der Hüttenanstieg: Der Weg führt über das breite Wiesenkar über den Teufelsbach zum Sauerbleis, einem 1985 m hohen Aussichtsplateau mit schönem Blick in das Silbertal. Weiter queren wir unterhalb des Sennigrates zum Schwarzsee. Der Tunnel wurde eigens für die Skifahrer und Snowboarder angelegt, damit sie bequem und gefahrlos zu den Liften zurücksteuern können. Eine Geländestufe höher stoßen wir auf den Herzsee, der uns mit seiner Herzform freundlich begrüßt. Er ist deutlich kleiner als der Schwarzsee und kann an heißen Sommertagen schon einmal abgehärtete Seelen zum Baden verleiten. In manchen Jahren ist der See aber selbst im Juni noch mit Schnee gefüllt.
Die Wormser Hütte liegt majes-

tätisch auf dem Grat, es gibt wenige Hütten, die einen derart königlichen Gipfelblick zu bieten haben. Tagsüber tummeln sich auf Grund der nahen Sesselliftstation zahlreiche Ausflügler rund um die Hüttenterrasse, die Kinder turnen auf den nahen Felsen herum.
Doch wenn die Abendsonne im Westen hinter den Berggipfeln des Rätikons untergeht und die Landschaft in ein orangerotes Licht taucht, liegt eine anmutige Stille über dem weiten Tal. Abendrot am westlichen Horizont deutet übrigens auf geringe Luftfeuchtigkeit hin, am Folgetag ist also mit schönem Wetter zu rechnen. Wenn jedoch tiefhängende Wolken in schönem Abendlicht aufleuchten, wird es wahrscheinlich noch in der Nacht zu Niederschlägen kommen.
Allein diese Wetterromantik ist es wert, die Nacht in einem der 26 Betten oder 39 Lager der Hütte zu verbringen. Wer zurück ins Tal muss, erreicht in 15 Gehminuten bequem die Bergstation des Sesselliftes.

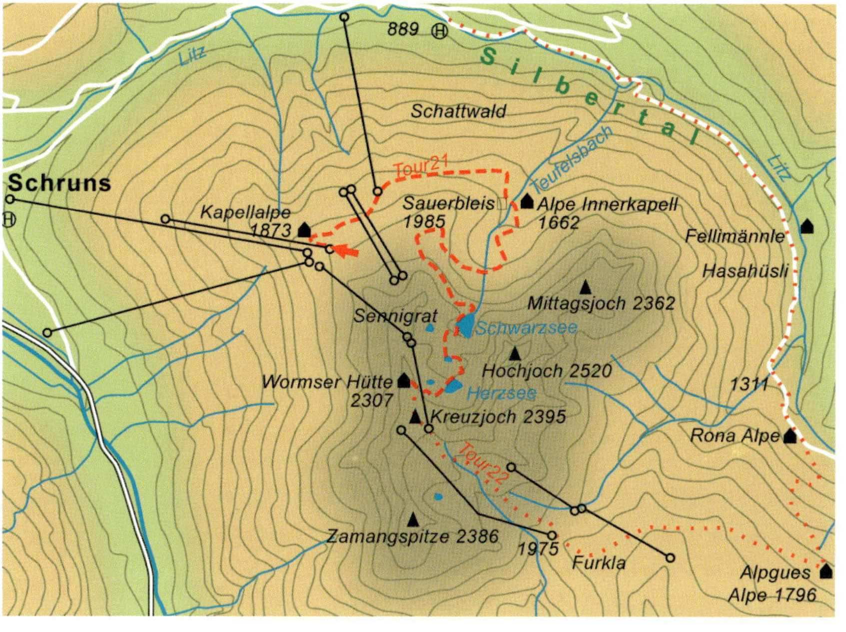

22 Tour 22: Ins Tal der Murmeltiere

Wormser Hütte – Kreuzjoch – Grasjoch – Alpgues Alpe – Fellimännle – Silbertal (2. Tag)

Auf einen Blick (2. Tag)

Anspruch: 3
Gehzeit: 5 1/2 Std. (Wormser Hütte – Kreuzjoch 1/4 Std., Grasjoch 1 Std., Alpgues Alpe 1 1/2 Std., Fellimännle 1 1/2 Std., Silbertal 1 1/4 Std.)
Aufstieg: 250 Höhenmeter, Abstieg: 1650 Höhenmeter
Charakter: Abwechslungsreiche Tour im Silbertal, die vom etwas überlaufenen Skigebiet des Kreuzjochs in abgelegene Wiesen- und Moorlandschaften führt. Der Abstieg ins Silbertal ist steil und geht in die Knochen. Unten angekommen, wandert man das Tal zumeist auf dem Fahrweg gemütlich aus. Ingesamt eine relativ lange Tour.
Besonderheit: Murmeltiere bei der Almhütte Fellimännle
Einkehrmöglichkeiten auf der Strecke: Hasahüsli, Almhütte Fellimännle im Silbertal

Nach dem Frühstück drängt es uns, sofern der Himmel klar ist, gleich ins Freie. Unser Gipfelziel, das 2395 m hohe Kreuzjoch, ist zum Greifen nah. Nur ein kurzes Stück auf dem gut ausgebauten Felssteig gen Süden, und das erste Etappenziel ist nach einer finalen leichten Kraxeleinheit erklommen. Oben angekommen, genießen wir die grandiose Gipfelschau: Eindrucksvoll erheben sich im Süden die schneebedeckten Berge der Silvrettagruppe, unmittelbar vor uns baut sich die pyramidenförmige Zamang-Spitze auf. Im Nordwesten verliert sich der Blick im Bregenzerwald, schemenhaft ist

22

auch der Schweizer Säntis erkennbar. Die verwaisten Sessel- und Schlepplifte des weitläufigen Skigebietes sind im Sommer hingegen alles andere als ein schöner Anblick. Während der Gipfelrast leisten uns Bergdohlen Gesellschaft, die ein paar Krümel unserer Brotzeit immer dankbar aufnehmen und, wenn man ein wenig Geduld hat, sogar von der flachen Hand herunterpicken.
Der Abstieg zum Grasjoch verläuft entlang der Skiabfahrt auf dem Wormser Weg, der die Wormser Hütte mit der über 20 Kilometer oder acht bis neun Gehstunden entfernten Heilbronner Hütte verbindet. Wir verlassen diese Route bereits hinter der Furklaalpe, zweigen am Wegweiser Silbertal links ab und wandern über sanft geneigte Wiesen unter dem letzten Skilift hindurch in immer einsamere Gefielde.
Das Glucksen unter der Schuhsohle verrät uns, dass wir in ein Feuchtgebiet eingedrungen sind. Überall sammeln sich kleine Tümpel und Moorlöcher, die mit auffallend rot gefärbten Gräsern schon von weitem auffallen. Obwohl der Pfad die feuchten Hindernisse geschickt umgeht, wird

diese Wegpassage nicht nur nach Regenfällen zu einem feuchten Vergnügen. Die Route ist allerdings nicht überall deutlich ausgetrampelt und markiert, sodass gute Pfadfinder im Vorteil sind. Nach kurzem Anstieg geht es über eine Geländekante, hinter der sich abrupt das hintere Silbertal öffnet. In den vielen kleinen Bergseen spiegeln sich gemeinsam mit den vorüberziehenden Wolken fotogen die hohen Gipfel der Verwallgruppe, darunter Patteriol und Kuchenspitze über dem Talschluss mit einer stolzen Höhe von über 3000 Meter.
Der Steig wird breiter und strebt der bereits sichtbaren Alpgues Alpe zu. Hier wachen die Alpleute über ihr Galtvieh, also junge Rinder und Kälber, die noch keine Milch geben. Manchmal ist das gar nicht so einfach, weil immer wieder eines der Tiere ausbüchst. Wenn ihr also ein frei herumirrendes Kalb entdeckt, müsst ihr das gleich an der Hütte melden. Unterhalb der Alpe beginnt mit dem Eintauchen in den Wald der sehr steile Abstieg in das Silbertal. Hier sind Stöcke von Vorteil, um die Kniegelenke zu schonen und ein Ausrutschen auf einigen glitschigen Wurzeln und Steinen zu vermeiden.
Auf Höhe der Rona Alpe gelangen wir auf den Fahrweg, der vom

oberen Silbertal kommend parallel zum Litzbach über den Gasthof Hasahüsli zur Almhütte Fellimännle führt. Ab und zu wird das Rauschen des Baches von einem schrillen Pfiff unterbrochen – dem Warnsignal der Murmeltiere. Die reich gedeckte Kräutertafel lockt die possierlichen Nager aus ihren Verstecken, selbst vor Brennnesseln scheint ihr Appetit keinen Halt zu machen. Der Nachwuchs turnt übermütig zwischen den Felsen umher. Gefahr ist im Anzug, wenn ein hungriger Steinadler lautlos über dem Tal kreist. Erfolgt der Warnpfiff des Wachpostens nicht zur rechten Zeit, kann es schon einmal zu tragischen Opfern kommen. Im Spätsommer schwindet diese Gefahr, denn dann haben sich die Jungtiere einen beachtlichen Fettpolster für den Winter angefressen und sind somit als Beute zu schwer.
Zu sehen bekommt ihr die Murmeltiere am ehesten an der Almhütte Fellimännle, denn dort sind die ansonsten so scheuen Tiere Stammgäste. Wenn am späten Nachmittag Ruhe auf der Ausflugsterrasse einkehrt und die Luft somit rein ist, schleichen sie sich an ihre Futterstelle heran und vertilgen die bereitliegenden Salatblätter, Mohrrüben und Äpfel mit viel Appetit. In Stressmomenten verschwinden sie einfach im Ganglabyrinth unter der Hütte.
Die Tiere sind mit ihrer ungewohnten Umgebung so vertraut, dass sie sich sogar filmen und streicheln lassen. Die Almkinder Tanja und Raphael geben euch bestimmt Tipps, wie man sich den kleinen Fernsehstars am besten

22

annähert. Sind die Murmeltiere nicht da, freuen sich die Hausenten und Hasen auf eure Zuneigung. Für Unterhaltung sorgen auch ein Abenteuerspielplatz und der aufgeblasene Tiger, eine Hüpfburg.

Nach der Almgaudi folgt der Abstieg entlang des wilden Litzbaches nach Silbertal. Vom Fahrweg führt alternativ eine kleine Steiganlage an den Rand der Bachschlucht, später solltet ihr unbedingt die Wegvariante wählen, die am imposanten Wasserfall des Teufelsbaches vorbeiführt. Es handelt sich um den gleichen Teufelsbach, der euch bereits beim Aufstieg zur Wormser Hütte begegnet ist; hier soll einer Sage nach einst das Nachtvolk herabgestürzt sein, um auf der anderen Talseite unheimliche Geistermusik anzustimmen. Vielleicht schiebt euch das Wasser ja jetzt die letzten zwei Kilometer noch an, damit ihr den Bus am Kristberglift zurück nach Schruns nicht verpasst.

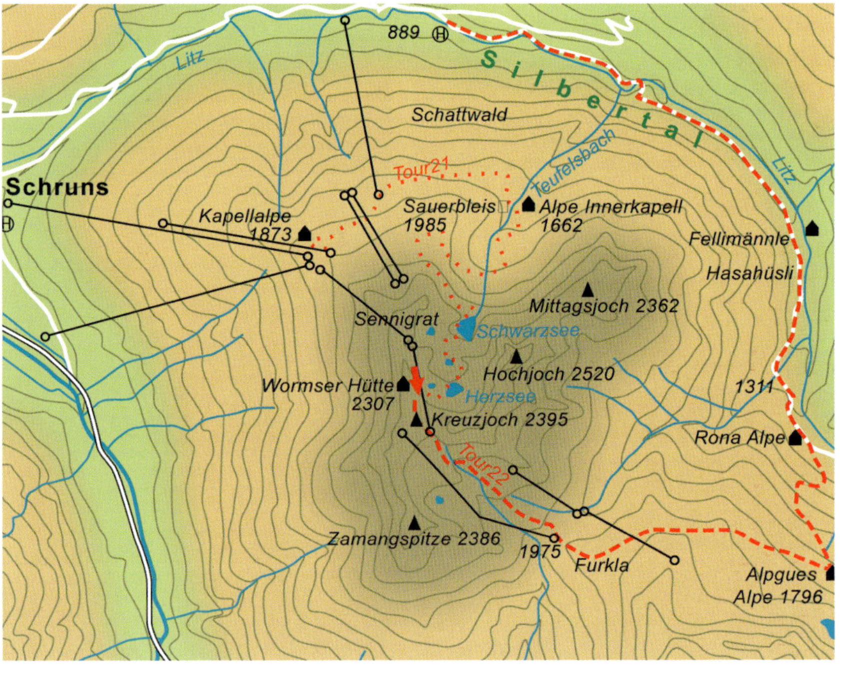

Rosa Beer, Regina Schwärzler

Vorarlberger Bäuerinnen kochen

Die besten Original-Rezepte aus Vorarlberg.

Kleine Ausgabe
88 Seiten, Farbfotos, fest gebunden
€ 7,00/sfr 13,00
ISBN 3-7066-2196-7

Die besten Original-Rezepte aus Vorarlberg, gesammelt von Rosa Beer und Regina Schwärzler. Dieses Kochbuch enthält die ganze Fülle der Vorarlberger Küche - bekömmliche Hausmannskost ebenso wie kulinarische Raritäten. Die ausgewählten Gerichte sind bewährt und leicht nachzukochen, die Zutaten überall erhältlich. Die Rezepte lassen das Echte, Bodenständige und Erprobte spürbar werden - und sie sind bekömmlich und gesund, weil sie die Erkenntnisse moderner Ernährungswissenschaft berücksichtigen.

In der Vielfalt der Originalrezepte aus der typischen Vorarlberger Küche findet jeder Gaumen seine Gustostückerln. Aufbereitet für die moderne Küche.

Bestens geeignet als Geschenk und für die eigene Küche!

Bestellen Sie unsere Bücher portofrei mit Rechnung über unsere Homepage:
www.loewenzahn.at

23 Tour 23: Das Wasser und der Strom

Schruns – Montjola – Kaltenbrunnen – Tschagguns – Schruns

Auf einen Blick

Anspruch: 1
Anfahrt: Mit dem Auto von Feldkirch oder St. Anton über Bludenz nach Schruns oder mit dem Nahverkehrszug von Bludenz nach Schruns.
Gehzeit: 3 Std. (Schruns – Kloster Gauenstein 3/4 Std., Kaltenbrunnen 3/4 Std., Tschagguns 7/2 Std., Aktivpark Montafon 1/2 Std., Ortsmitte Schruns 1/2 Std.)
Auf- und Abstieg: 150 Höhenmeter
Charakter: Die einfache Familienrundtour in der Umgebung von Schruns verläuft stets im Talboden und ist somit auch bei schlechtem Wetter zu empfehlen. Man wandert stets auf breiten Teer- oder Kieswegen und kommt bestens mit Kinderwagen oder Buggy voran.
Besonderheiten: Montafoner Heimatmuseum, Kirchplatz in Schruns (Tel. 05556-74723, geöffnet Di-Sa 15-18 Uhr, bei Schlechtwetter auch 10-12 Uhr), Aktivpark Montafon, zwischen Schruns und Tschagguns (Tel. 05556-72435, www.aktivpark-montafon.at, geöffnet Mitte Mai – Mitte September täglich 9-20 Uhr, Erlebnisbereich Mai/Juni an den Wochenenden, Juli/August täglich 10-18 Uhr)
Einkehrmöglichkeiten auf der Strecke: Gasthöfe in Tschagguns und Schruns
Zugabe: Aqua-Stiege in Tschagguns (400 Höhenmeter, 1 1/2 – 2 Std.)

23

Sollte es vormittags noch regnen, könnt ihr, wenn ihr wollt, vor eurer Wanderung noch schnell die Schulbank drücken. Keine Sorge, ihr müsst weder Hausaufgaben auspacken noch Gedichte aufsagen. Es handelt sich vielmehr um einen alten Klassenraum im Heimatmuseum Schruns, in dem früher acht Klassen gleichzeitig unterrichtet wurden. Außerdem führt im Museum eine Holztreppe in eine Alpsennerei, die in dieser urigen Form auch heute noch für die Herstellung von Sauerkäse verwendet wird. Nach dem Besuch seid ihr über die Montafoner Lebensweise bestens im Bilde. Bei schönem Wetter hat das Museum am Kirchplatz, das in einem 500 Jahre alten rätoromanischen Haus untergebracht ist, außerhalb der Hochsaison vormittags ohnehin geschlossen.

Vom Kirchplatz gehen wir über den Bahnhof rechts hinauf zur Litzbrücke. Der reißende Gebirgsbach, der im hinteren Silbertal

noch ungezähmt zu Tal braust (siehe Tour 22), wurde etwas oberhalb des Ortszentrums in ein künstliches Steinkorsett gezwängt. Hintergrund dieser Aktion war der Energiebedarf zahlreicher einheimischer Betriebe, die auf diese Weise das Wasser und somit den Strom einfacher in ihr Gelände leiten konnten. Wie in einer Rutschbahn schießt das Litzwasser selbst im nur leicht abschüssigen Schruns in bemerkenswert hohem Tempo zu Tale.
An der Litzbrücke folgen wir dem Wegweiser zum Kloster Gauenstein. Das Kapuzinerkloster liegt über den Dächern von Schruns malerisch am Waldrand mit Blick auf die markanten Felsspitzen Drei Türme und Zimba. Der einzige verbliebene Klosterbruder kümmert sich hier um oft verzweifelte Menschen aus sozialen Randgruppen. Auch Menschen, die diesen Ort einfach zum Innehalten oder Beten aufsuchen wollen, sind in der Klosterkirche oder in der gemütlichen Stube mit Kachelofen willkommen. Das Holzkreuz im Kapuzinergarten stammt von dem jungen Montafoner Künstler Wilhelm Montibeller. Es ist Wind und Wetter, Kälte und Hitze ausgesetzt und symbolisiert die Höhen und Tiefen des Menschseins; Not leidende Menschen sollen daraus neue Hoffnung schöpfen.
Über den Aussichtspunkt Landschrofen führt der Weg talwärts nach Kaltenbrunnen, wo er in Bahnhofsnähe die Ill überquert und auf der anderen Bachseite am Bahngleis entlang nach Tschagguns führt. Hier mündet die Litz in die Ill, die in der näheren Umgebung zur Gewinnung von Hochleistungsstrom mehrmals gestaut wird. Wenn ihr euch über die Nutzungsmöglichkeiten des Wassers genauer informieren wollt, könnt ihr an einem anderen Tag den acht Kilometer langen Aqua-Wanderweg abwandern; er beginnt bei den Vorarlberger Illwerken im Ortsteil Latschau und endet in Tschagguns.
Unser Weg führt nun bachaufwärts stets an der Ill entlang. Die Regulierung des Flusses geht auf Pläne von Ingenieur Alois Negrelli zurück, der durch die Planung des Suezkanals berühmt wurde. Wenn die Ill kein Hochwasser führt, könnt ihr an mehreren Stellen ihr

23

steiniges Flussbett betreten. Gelbe Warnschilder machen jedoch darauf aufmerksam, dass jederzeit eine Flutwelle drohen könnte.
An einer Brücke erreichen wir den Aktivpark Montafon, der mit einem Strömungskanal, einem Sprungturm und einer 70-m-Rutsche für Mutige einiges zu bieten hat. Kleinkinder planschen im Kinderbecken oder vergnügen sich im Mutter-Kind-Bereich auf dem Sandspielplatz, durch den frisches Quellwasser fließt. Neben der Badeanlage steht ein riesiges Zelt, in dem ein Trampolin, eine Kletterburg und Minicars getestet werden können.
Hinter dem Funpark wartet aber eine Attraktion ganz anderer Art: die Aqua-Stiege am Kraftwerk Gampadels mit 914 Holz- und

23

Steinstufen. Das Kraftwerk befindet sich in der Zelfenstraße auf Höhe der Bushaltestelle Birkenweg und ist von der Brücke in gut 10 Minuten zu erreichen. Auf einem Waldweg gelangen wir zu der Stiege, die an einer Druckrohrleitung entlang zum oberen Gampadelswerk führt. Die Stiege überwindet einen Höhenunterschied von 400 Metern, den Rekord stellte der elfjährige Bernhard Graf mit einer Zeit von nur 13 Minuten und 47 Sekunden auf. Oben angekommen, geht man auf dem beschilderten Aquaweg wieder nach Tschagguns zurück. Die Stiege ist aus Sicherheitsgründen nur im Aufstieg begehbar.
Diese Stiegen-Variante ist ideal für sportliche Kinder, die Lust haben, sich ein wenig auszutoben. Andernfalls folgen wir von der Brücke am Aktivpark den Wegweisern in das Ortszentrum von Schruns.

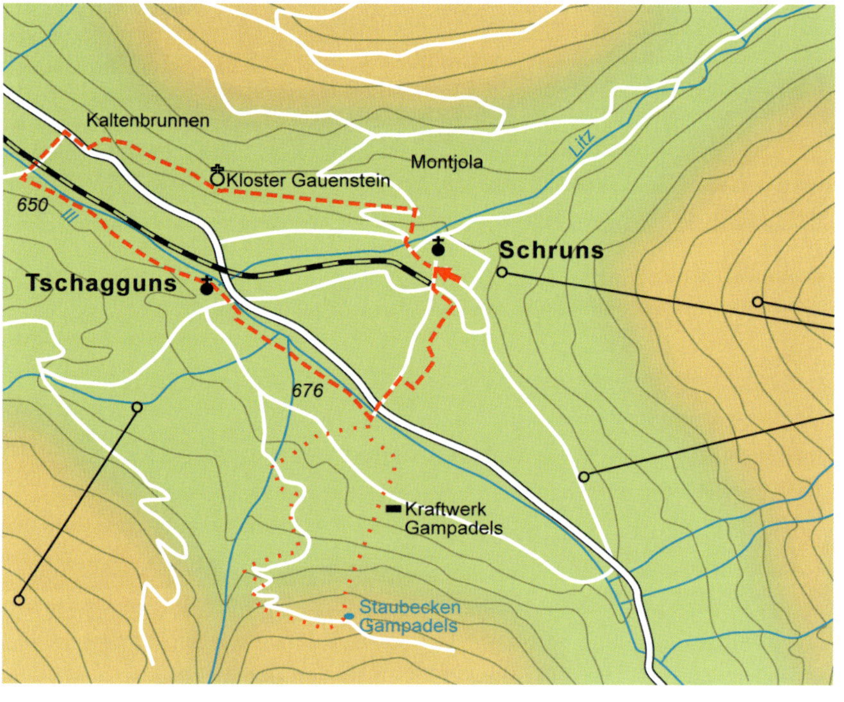

Tour 24: In der Stollenwelt der Bergknappen

24

Innerberg – Geologischer Lehrwanderpfad – Fritzensee – Bergwerk – Bartholomäberg

Auf einen Blick

Anspruch: 2
Anfahrt: Mit dem Auto von Feldkirch oder St. Anton über Bludenz nach Schruns und weiter über Bartholomäberg nach Innerberg zum Wirtshaus Mühle.
Alternativ mit dem Zug von Bludenz nach Schruns, am Bahnhof in die Buslinie 84 nach Innerberg umsteigen.
Gehzeit: 3 3/4 Std. (Innerberg – Geologischer Lehrwanderpfad 1 Std., Fritzensee 1 Std., Bergwerk 1/2 Std., Bartholomäberg 3/4 Std.)
Auf- und Abstieg: 450 Höhenmeter
Charakter: Der Anstieg von Innerberg zum Geologischen Lehrpfad verläuft auf schönen Waldwegen. Am Lehrpfad angekommen, folgt eine gemütliche Querung auf dem Forstweg an insgesamt drei Seen vorbei. Am Fritzensee geht es auf steilem Pfad zum Bergwerk hinab und weiter Richtung Bartholomäberg.
Besonderheiten: Geologischer Lehrpfad, historisches Bergwerk (geöffnet Mitte Juni – Mitte Oktober Mi, Fr und So 13 – 17 Uhr, Information Bergwerk Tel. 05556-73101, Handy 0664-3351493, Eintritt Erwachsene 4 Euro, Kinder 4 – 14 Jahre 2 Euro)
Einkehrmöglichkeiten auf der Strecke: Wirtshaus Mühle, Gasthöfe im Zentrum von Bartholomäberg

24

Vom Wirthaus Mühle folgt ihr den Wegweisern in Richtung Itonskopf. Ihr wandert zunächst auf einer abgelegenen Fahrstraße, an der bäuerliche Anwesen mit herrlicher Aussicht auf das Montafoner Tal liegen.
Ein Grundstück wird von einem Geige spielenden Gartenzwerg bewacht. An einer Weggabelung (Wegweiser Kristberg) verlasst ihr den Fahrweg auf einem schön angelegten Steig, der durch dichten Bergwald den Hang hinaufzieht.
In dieser Region erfreut sich der Wald noch relativer Gesundheit, nur wenige Bäume sind erkrankt. Die Luft ist rein, wertvolles Trinkwasser wird gespeichert, der Wald schützt im Winter vor Lawinen und wirkt ausgleichend auf das Klima.
Vögel wie der Dreizehenspecht erhalten das biologische Gleichgewicht. Sie picken aus den Fichten- und Tannenstämmen die Larven der Holzschädlinge heraus. Mit viel Glück kommt ihr seiner raffinierten Technik auf die Spur: Er läuft waagerecht um den Stamm herum, setzt ringförmig Loch für Loch und holt sich seine Nahrung somit systematisch aus dem Stamm.
Der Waldsteig mündet in einen Forst- und Panoramaweg, der euch nach Westen Richtung Bartholomäberg führt. Ihr seid jetzt auf dem Geologischen Lehrpfad, den ihr eine Zeit lang begleiten werdet.
Auf nummerierten Schautafeln erfahrt ihr unter anderem Interessantes über den Aufbau verschiedener Gesteinsschichten und wissenswerte Zusammenhänge zu Vegetation und Tieren. In verwittertem Tonschiefer etwa wurden Fossilienreste eines Kleinsauriers nachgewiesen.
Langsam lichtet sich der Wald und Kühe machen es sich auf der Weide bequem. Bald tauchen in einer Grassenke nacheinander der Torasee und der Fulasee auf.
Die Bezeichnung „See" scheint für diese kleinen Weiher allerdings etwas übertrieben, die mit reichlich Algen und Seerosen überwuchert sind und mit dem schlammigen Untergrund überhaupt nicht zum Baden taugen. Das gleiche gilt für den etwas größeren Fritzensee am Ende der Querung, hier ankert ein Minifloß

24

an einem kleinen Holzsteg. Viele Fische werden sich hier aufgrund des Sauerstoffmangels nicht tummeln.
Am Ende des Fritzensees folgt ihr dem Wegweiser abwärts in Richtung Bergwerk. Der Schaustollen ist erst als solcher zu erkennen, wenn ihr direkt vor ihm steht. Bartholomäberg gehört zu den ältesten urkundlich erwähnten Bergbaugebieten im gesamten Alpenraum.
Dokumente aus den Jahren 814 und 820 n.Chr. beweisen, dass damals Eisenmünzen als Zahlungsmittel im Umlauf waren und somit Eisenerz abgebaut wurde. Also auf in das historische Bergwerk.

24

Am besten checkt ihr vorher die Öffnungszeiten ab, damit ihr bei Ankunft nicht vor verschlossenen Türen steht. Für Gruppen ab acht Personen ist das Abenteuer auch nach telefonischer Anmeldung möglich.
Wichtig für die Tour unter Tage sind feste Schuhe und regenfeste Kleidung, denn im Inneren ist es kühl und feucht. Doch Regenkleidung hat der 65-jährige Bergwerksführer Erich Fritz in seiner kleinen Hütte für euch ebenso auf Lager wie die obligatorischen Schutzhelme.
Bei Erich Berger seid ihr in bester Obhut, denn keiner kennt sich im Stollen so gut aus wie der gebürtige Bartholomäberger. Schon als dreijähriger Bub turnte er mit seinen älteren Geschwistern im Stollen herum, obwohl es die Eltern strengstens verboten hatten.
Später arbeitete er zwar 40 Jahre lang im Lawinenschutz, doch im Rentenalter entdeckte er seine

alte Liebe zum Stollen wieder. Bei den Exkursionen hält er seine Besucher mit humorigen Sprüchen bei Laune.
Eng ist es im Stollen wahrhaftig, ohne Helm würdet ihr euch an den spitzen Felsen die eine oder andere Beule einfangen. Auf einer Strecke von 135 Metern tastet ihr euch oft in Hockstellung in die Welt der Bergknappen und erfahrt etwas über die Erze und Mineralien. Wie tief der Stollen wirklich in den Berg hineinführt, ist bis heute nicht bekannt. Am Wendepunkt seht ihr eine Bergmannsfigur mit gefördertem Gestein.
Nach der Exkursion in die Welt der Bergknappen nehmen wir den Abstieg zur Dorfkirche von Bartholomäberg und fahren von dort mit dem Bus zum Wirtshaus Mühle zurück.

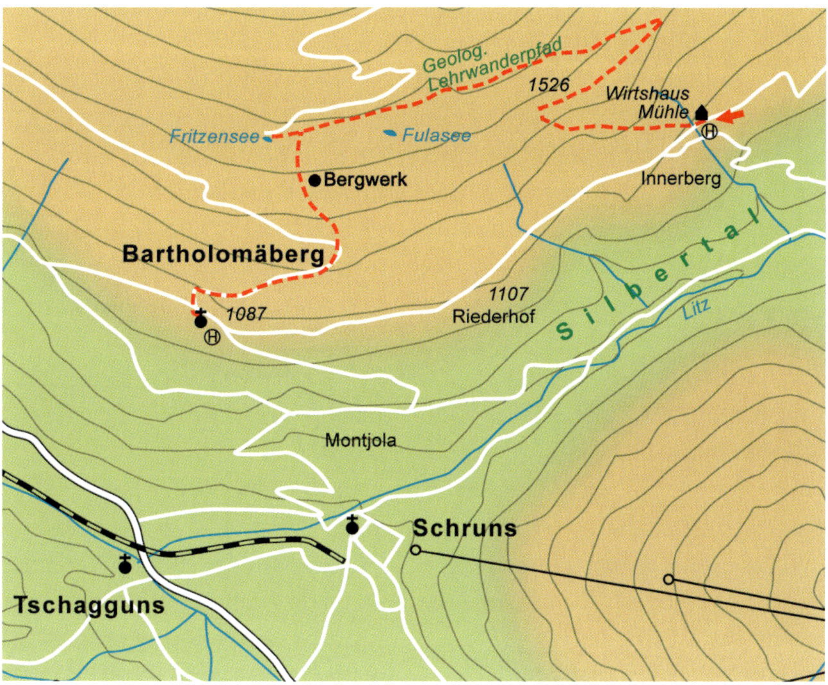

25 Tour 25: Gargellen – Obwaldhütte – Gandasee – Gargellen Alpe – Gargellen

Auf einen Blick

Anspruch: 2
Anfahrt: Mit dem Auto von Feldkirch oder St. Anton über Bludenz nach St. Gallenkirch und weiter nach Gargellen. Großer Parkplatz an der Seilbahnstation. Alternativ mit dem Zug über Bludenz nach Schruns, am Bahnhof in die Buslinie 87 nach Gargellen umsteigen
Gehzeit: 4 Std. (Gargellen – Obwaldhütte 1 1/2 Std., Gandasee 1 Std., Gargellen Alpe 1 Std., Gargellen 1/2 Std.)
Auf- und Abstieg: 700 Höhenmeter
Charakter: Abwechslungsreiche Rundtour hoch über dem Gargellental. Während der Aufstieg von Gargellen über die Obwaldhütte zum Gandasee wechselweise auf breiten Fahrwegen und schattigen Waldpfaden verläuft, wird die Strecke zwischen Gandasee und Gargellen Alpe in hochalpinem Gelände oberhalb der Waldgrenze zurückgelegt. Einkehrmöglichkeiten auf der Strecke: Obwaldhütte (Montag Ruhetag), Gargellen Alpe
Variante: Mit der Seilbahn von Gargellen zur Bergstation Schafberghüsli, von dort zum Gandasee absteigen und die beschriebene Tour in umgekehrter Richtung abwandern (Gehzeit ca. 2 1/2 Std.).

Gargellen ist der höchst gelegene Kurort des Montafons, dementsprechend kühl ist hier mit knapp 4 Grad die Jahresdurchschnittstemperatur. Je weiter wir uns vom Ort in das Tal des Valzifenzbaches begeben, desto eindrucksvoller ragt die 2770 m hohe Madrisa

25

pyramidenförmig in den Himmel. Unmittelbar unter der schattigen Nordwand liegt der Gandasee, das heutige Ausflugsziel.
Bei feuchtwarmer Witterung sprießen im Wald zahlreiche Pilze aus dem Boden. Bei Sammlern am begehrtesten ist der vorzüglich schmeckende Steinpilz. Am auffallendsten sind die prachtvollen, jedoch giftigen Fliegenpilze.
Dank ihrer hellroten Kappen und weißen Punkte erkennt ihr sie mit Leichtigkeit.
Im Sommer sind die Heidelbeerstauden am Wegesrand voll mit reifen Früchten. Wenn ihr einen verschließbaren Behälter dabei habt, könnt ihr die Beeren sammeln und später zusammen mit einem Eisbecher, Joghurt oder Kuchen verzehren. Oder ihr nascht gleich ausgiebig, auch wenn sich Finger und Mund während der Zwischenmahlzeit violett verfärben.
Auch manche Vögel fressen die Beeren mit Vorliebe. Später scheiden sie ihre Samen, die nun erhöhte Keimfähigkeit besitzen, an anderer Stelle wieder aus. Der mit dem Samen ausgeschiedene Kot dient der jungen Pflanze als Düngung, die Fortpflanzung und Verbreitung der Beeren ist somit gewährleistet.

25

An der Madrisahütte zweigt der Weg rechts ab und überwindet bis zur Obwaldhütte eine steile Waldpassage. Eine Trinkpause ist besonders an heißen Sommertagen zu empfehlen, bevor wir jenseits der Waldgrenze schattenlos der spitz zulaufenden Madrisa entgegen wandern. Über Wiesen geht es hinauf zum Gandasee, der aber erst kurz nach Überwinden eines Höhenrückens in einer Bergsenke auftaucht.

Der See ist durch einen Bergsturz entstanden, bei dem sich riesige Gesteinsblöcke aus der Madrisanordwand lösten und die kraterähnliche Senke formten. Manche Blockhalden liegen auch heute noch verstreut in der Landschaft herum und verleiten zu kleinen Kraxeltouren. Das Wasser schillert in grünlichen Farben und macht Lust auf ein Fußbad; bald zieht es euch ob der eisigen Temperatur jedoch die Zehen zusammen. Es lohnt sich allein wegen der Ruhe und Abgeschiedenheit, hier eine Zeit lang zu verweilen. Vom See geht es wieder zurück zur letzten Weggabelung. Der gut markierte Steig quert zunächst mit leichtem Anstieg die Berghänge unterhalb der Gargellner Köpfe und führt dann im Abstieg unter der Seilbahn hindurch zur Gargeller Alpe. Unser Start- und Zielort Gargellen liegt uns hier direkt zu Füßen.

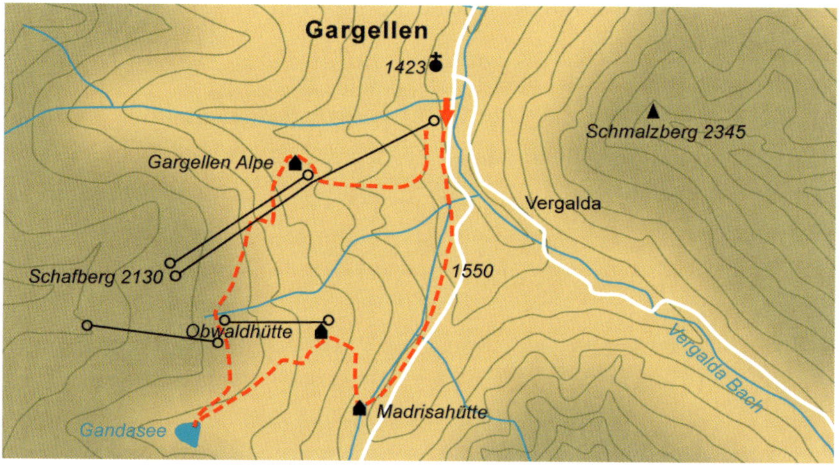

Sabine Heinzle, Regina Schwärzler

Käse

Köstliche Gerichte

96 Seiten, € 7,00/sfr 13,00 , ISBN 3-7066-2108-8

Liebevoll gemachte Kochbücher mit Spezialitäten aus allen österreichischen Regionen: zum Sammeln, ein ideales Mitbringsel zu Einladungen, als Dank für ein gelungenes Essen und natürlich für die eigene Küche. Mit vielen leckeren Variationen.

76 Rezepte mit Käse – von erfahrenen Köchinnen aus dem Käseland Vorarlberg gesammelt und praktisch erprobt: Salate, Vorspeisen, Hauptspeisen, Beilagen, Desserts und Gebäck. Viele köstliche Anregungen für Ihre Küche.

Maria Gschwentner

Das kleine Milch-Buch

mit 66 Rezepten

88 Seiten, 30 Abbildungen, fest gebunden

€ 7,00/sfr 13,00, ISBN 3-7066-2123-1

Maria Gschwentner ist hat viele köstliche Gerichte gesammelt und zeigt uns die Vielfalt der heimischen Küche. Außerdem gibt sie viele Tips und Tricks zur Milchverarbeitung.

Milch ist Nahrungsmittel und vor allem ein Lebensmittel. Lesen Sie die wichtigsten Informationen darüber in diesem Buch. Wollen Sie Milch selbst verarbeiten? Die Herstellung von Milchprodukten (Sauermilch, Topfen, Joghurt, Kefir und Graukäse) wird anschaulich beschrieben. Wußten Sie schon, daß Topfen, Buttermilch und Kefir altbewährte Heilmittel sind? Was ist Acidophilus-Milch und rechtsdrehende Milchsäure? Schlagen Sie in diesem kleinen Taschenhandbuch nach!

„Klein, handlich und doch ist alles drin ... Für Freunde von Milch und Milchprodukten ..."
Gusto

Bestellen Sie unsere Bücher portofrei mit Rechnung über unsere Homepage:
www.loewenzahn.at

Region Arlberg

Sommerfrische in der Wintermetropole

Lech und Zürs am Arlberg sind weithin als Wintersportparadies in aller Munde. Weniger bekannt ist, dass die beiden Orte auch den Sommergästen vieles zu bieten haben: Ausgeschilderte Themenwege laden zu interessanten Wanderungen ein, die Kinder haben viel Spaß im Mini- und Juniorclub und schon ab einer Übernachtung gibt es mit der Aktiv Inklusiv Card viele kostenlose Leistungen.

Information: Lech Zürs Tourismus, 6764 Lech am Arlberg, Tel. 05583-21610, Fax 05583-3155, info@lech-zuers.at, www.lech-zuers.at

Aktiv Inklusiv Card:
Bereits ab einer Übernachtung erhalten die Gäste von Zürs-Lech die kostenlose Teilnahme an einem abwechslungsreichen Freizeitangebot, darunter freie Fahrt mit dem Ortsbus sowie den Seilbahnen und Sesselliften, geführte Wanderungen, freien Eintritt im Waldbad, das regelmäßig freitags stattfindende Canyoning, die kostenlose Nutzung der Tennisplätze und der Tennishalle sowie zahlreiche Unterhaltungsprogramme wie Platzkonzerte, Diavorträge oder den Besuch des Heimatmuseums. Kinder können kostenlos an den Aktivitäten des Mini- und Juniorclubs teilnehmen.

Karte:
Kompass Wanderkarte 33, Arlberg, 1:50.000

26 Tour 26: Das steinerne Meer

Alpe Formarin – Steinernes Meer – Freiburger Hütte – Formarinsee – Alpe Formarin

Auf einen Blick

Anspruch: 2
Anfahrt: Mit dem Wanderbus von Lech direkt zur Alpe Formarin
Gehzeit: 4 Stunden (Alpe Formarin - Steinernes Meer 1 3/4 Std., Freiburger Hütte 1 1/4 Std., Formarinsee 3/4 Std., Alpe Formarin 1/4 Std.)
Auf- und Abstieg: 350 Höhenmeter
Charakter: Interessante Wanderung auf meist gut befestigten Pfaden, stellenweise Trittsicherheit erforderlich.
Besonderheit: Am mehreren Stellen sind schöne Versteinerungen zu entdecken, die Fundorte sind durch Steinmännchen markiert. Am besten ist die Wanderung unter der fachkundigen Führung des einheimischen Wanderführers Georg Schnell. Termine und Anmeldung bei Lech Zürs Tourismus, Tel. 05583-21610.
Einkehrmöglichkeiten auf der Strecke: Freiburger Hütte, Tel. 05556-73540, täglich geöffnet, warme und kalte Gerichte, Kaffee und Kuchen, Übernachtungsmöglichkeit.

Könnt ihr euch vorstellen, dass die Stelle, an der ihr jetzt steht, vor 200 Millionen Jahren noch ein tosendes Meer war? Und dass sich diese Stelle nicht etwa hier im Arlberg-Gebiet befand, sondern 1000 km südlicher, etwa in der Gegend des heutigen Rom?

Schwer vorstellbar, aber wahr. Der Grund dafür liegt darin, dass die Erdplatten unserer Kontinente auf flüssigem Magma schwimmen und dadurch immer ganz leicht in Bewegung sind. Die Kontinentalplatte von Afrika beispielsweise wandert jedes Jahr um einige

26

Zentimeter in Richtung Norden und drückt dabei gegen den europäischen Kontinent. Dieser kann nicht weiter ausweichen und wird deshalb Zentimeter für Zentimeter zusammengeschoben. Nehmt einmal einen Grashalm und haltet in an beiden Enden mit jeweils einer Hand zwischen Daumen und Zeigefinger fest. Wenn ihr den Grashalm anspannt, ist er ganz flach. Wenn ihr dann die Hände aufeinander zu bewegt, beult sich der Grashalm in der Mitte aus. Genauso könnt ihr es euch mit der europäischen Kontinentalplatte vorstellen: Durch den Druck von beiden Seiten wird die Erde in der Mitte zusammengeschoben und langsam nach oben gedrückt. So sind in Millionen von Jahren die Alpen entstanden.

Erinnert euch nun an das Meer zurück. Darin gibt es Korallen, Fische, Muscheln und Schnecken. Wenn diese sterben, lagern sie sich am Meeresboden ab. Im Lauf der Jahre werden sie von immer mehr Sand, Kalk und anderen Sedimenten zugedeckt, bis sie durch das starke Gewicht über sich so stark zusammengedrückt werden, dass sie versteinern. Diese Versteinerung wandert nun durch den

26

Kontinentaldruck langsam in Richtung Norden, wird zu den Alpen aufgeworfen und kommt jetzt an der Stelle zu Vorschein, an der ihr heute steht.

Bevor ihr die ersten Versteinerungen findet, müsst ihr allerdings ein gutes Stück wandern. Von der Bushaltestelle bei der Alpe Formarin habt ihr nach etwa eineinhalb Stunden die Gegend erreicht, die den Namen Steinernes Meer trägt. Warum sie so heißt, könnt ihr euch ja jetzt schon denken. Auf der rechten Seite des Wanderwegs findet ihr wunderschöne versteinerte Korallen, die auf den ersten Blick wie noch wie echte Korallen aussehen.

Ein kleines Stück weiter kommen auf der linken Seite etwas oberhalb des Wegs unzählige versteinerte Belemniten, Nautiliden und Ammoniten. Belemniten waren stabförmige Meerestiere, die ähnlich wie Tintenfische aussahen, aber schon vor 70 Millionen Jahren ausgestorben sind. Trotzdem könnt ihr jetzt im Stein erkennen, wie sie damals ausgesehen haben. Ammoniten gibt es seit dieser Zeit ebenfalls nicht mehr, was man aber gut sehen kann, sind ihre Behausungen, die wie Schneckenhäuser ausschauen. Lebende Exemplare von Nautiliden hingegen, die den Ammoniten sehr ähnlich sind, sind auch heute noch in den Meeren anzutreffen. Mit etwas Glück könnt ihr in der Gegend auch Murmeltiere oder Gämsen sehen. Am besten macht ihr übrigens diese Tour mit dem einheimischen Wanderführer Georg Schnell, denn der kennt noch viel mehr interessante Geschichten zu den Versteinerungen, die er euch unterwegs gerne erzählt. Eine davon handelt

von den Megalodonten, das sind versteinerte Riesenmuscheln. An der Stelle, an der diese Megalodonten zu sehen sind, gibt es einen Abdruck, der wie das Horn eines Steinbocks ausschaut. Um zu beweisen, dass es sich trotzdem um eine Riesenmuschel handelt, hat Georg Schnell eine echte große Muschel dabei. Diese hält er nun so an den Stein, dass jeder die Versteinerung erkennen kann.
Die Zeit bei den Versteinerungen vergeht wie im Flug, immer wieder gibt es eine interessante Entdeckung zu machen. Wenn ihr das Steinerne Meer verlasst, seid ihr noch eine knappe Stunde bis zur Freiburger Hütte unterwegs, in der ihr dann gemütlich einkehren könnt.
Von der Freiburger Hütte geht es hinunter zum Formarinsee, ihr müsst unbedingt den Weg nehmen, der links um den See herum führt. Wenn es im Sommer richtig warm ist, könnt ihr im See schwimmen; wie es sich für einen richtigen Bergsee gehört, hat er allerdings ordentlich kaltes Wasser. Zurück zur Alpe Formarin ist es jetzt nicht mehr weit, von dort kommt ihr dann mit dem Wanderbus nach Lech zurück.

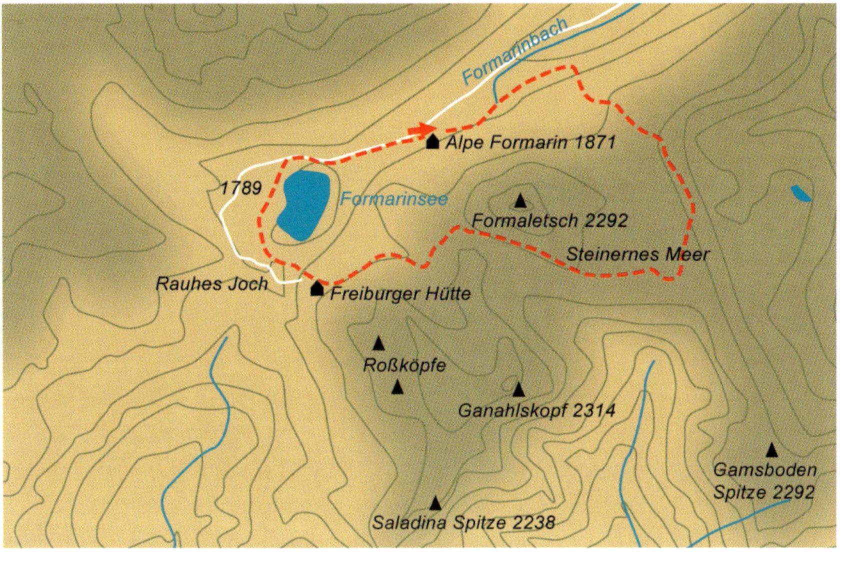

27 Tour 27: Auf den Spuren der Walser

Lech – Oberlech – Untere Auenfeldalpe – Bürstegg – Wang-Hus – Lech

Auf einen Blick

Anspruch: 2
Anfahrt: Mit der Bergbahn oder dem Wanderbus von Lech nach Oberlech
Gehzeit: 3 Stunden (Oberlech – Untere Auenfeldalpe 1 1/2 Std., Bürstegg 1 Std., Wang-Hus 1/2 Std.)
Aufstieg: 100 Höhenmeter, **Abstieg:** 250 Höhenmeter
Charakter: Gemütliche Wanderung auf anfangs sehr gut befestigten Wegen, bis zur Unteren Auenfeldalpe auch mit Kinderwagen möglich, danach stellenweise etwas schwer zu begehen.
Besonderheit: Gaisbühel-Alpe, kleines Sennerei-Museum, durchs Fenster könnt ihr den früheren Wohnstil erkennen.
Einkehrmöglichkeiten auf der Strecke: Untere Auenfeldalpe, Milch, Bergkäse, Ziegenkäse und Speckbrot, Anfang Juli – Anfang September täglich geöffnet. Alpe Bürstegg, Milch, Bergkäse und kalte Getränke, Anfang Juni – Mitte September täglich geöffnet.

Im 12. Jahrhundert begannen die Walser, von ihrer damaligen Heimat im heutigen Wallis in der Schweiz wegzuziehen und sich in anderen Alpentälern niederzulassen. Etwa Mitte des 13. Jahrhunderts besiedelten sie auch Teile Vorarlbergs. Namen wie das Große bzw. Kleine Walsertal sowie zahlreiche Flurnamen stammen bereits aus dieser Zeit. 600 Jahre später haben moderne Entwicklungen die

27

damalige Kultur weitgehend verdrängt. Auf dem gekennzeichneten Wanderweg oberhalb von Lech könnt ihr euch heute auf die Spuren der Walser begeben.
Die Wanderung beginnt bei der Bergstation der Bergbahn Lech, die euch in wenigen Minuten von der Ortsmitte Lech hinaufbringt. Von dort folgt ihr der Beschilderung „Walserweg", die euch über Schlössle ein kurzes Stück über die Asphaltstraße den Berghang hinaufweist. Oben angekommen, beginnt rechts der eigentliche Walserweg, ein schmaler, aber dennoch gut begehbarer befestigter Pfad. Unterwegs findet ihr an allen wichtigen Stellen kleine Tafeln, auf denen alles Interessante zu den Attraktionen des Walserwegs steht.
Erstes Ziel ist die Gaisbühel-Alpe, ein restauriertes Walserhaus auf der rechten Seite. Wenn ihr dort durchs Fenster schaut, könnt ihr die Sennküche sehen, in der früher Käse gemacht wurde, an den Wänden hängen noch die Originalwerkzeuge, daneben liegt

27

die Wohnstube und ganz rechts die Schlafkammer.
Etwa 1 km von der Alpe entfernt seht ihr den ehemaligen Schnittlauch- und Kräutergarten der Walser, der Schnittlauch wächst heute noch auf der Wiese. Gleich nach der nächsten Wegbiegung folgt ein Abstecher zur Unteren Auenalpe, die im Sommer bewirtschaftet wird. Dort bekommt ihr frisch gemachten Ziegenkäse, leckeren Bergkäse oder ein Glas Milch. Familie Strohmaier hält hier 74 Milchkühe, und Ramona, die zwölfjährige Enkelin, kennt sie alle beim Namen.

Wieder zurück auf dem Walserweg, geht es weiter zur alten Walsersiedlung Bürstegg, in der inzwischen nur noch Alpwirtschaft betrieben wird. 20 Kühe liefern die Milch zur Käseproduktion, von der guten Qualität des Käses könnt ihr euch vor Ort selbst überzeugen, dazu passt am besten ein Glas frische Milch. Von der Sennerei führt eine Tür direkt in die große Stube der Alpe, in der früher die 13 Kinder der Siedlung von einem Lehrer unterrichtet worden sind.
Von Bürstegg geht es zunächst auf einem Güterweg ziemlich

eben in Richtung Nordost, dann führt ein schmaler Pfad recht steil den Hang hinunter zum Wang-Hus, das schon 1495 gebaut wurde. Es ist somit das älteste Walserhaus in der Gegend. Haus und Stall sind zusammengebaut, damit im Winter der Weg in den Stall nicht so mühsam war und damit die Wärme der Tiere den Bewohnern zugute kam.

Knapp unterhalb vom Wang-Hus kommt ihr auf die Hauptstraße von Warth nach Lech. Direkt dort, wo der Wanderweg endet, ist auch die Bushaltestelle, von der euch der Wanderbus wieder zurück nach Lech bringt.

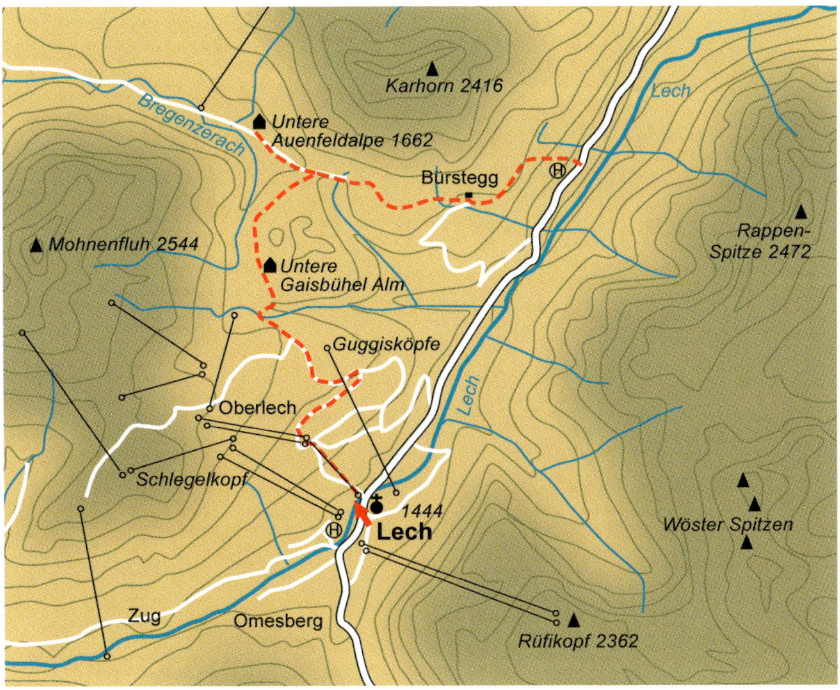

28 Tour 28: Orchideen und Gipslöcher

Oberlech – Gipslöcher – Waldlehrpfad – Lech

Auf einen Blick

Anspruch: 1
Anfahrt: Mit der Bergbahn oder dem Wanderbus von Lech nach Oberlech
Gehzeit: 2 – 3 Stunden (Oberlech – Gipslöcher 1/2 Std., Waldlehrpfad 1 – 2 Std., Lech 1/2 Std.)
Aufstieg: 50 Höhenmeter, **Abstieg:** 150 Höhenmeter
Charakter: Gemütliche Wanderung auf gut befestigten Wegen.
Besonderheit: Naturschutzgebiet „Gipslöcher", eine geologische Besonderheit von besonderem Rang. Waldlehrpfad mit vielen interessanten Informationen zu Bäumen und Pflanzen.
Einkehrmöglichkeiten auf der Strecke: verschiedene Restaurants in Oberlech

Von der Bergstation der Bergbahn in Oberlech geht ihr zunächst ein Stück in Richtung Schlössle, biegt aber kurz davor links ab und wandert durch die Wiesen auf die Bergstation des Schlegelkopflifts zu. Wenn ihr in den Monaten Juli oder August unterwegs seid, werdet ihr links und rechts des Wegs an etlichen Orchideen vorbeikommen, die hier in außergewöhnlicher Vielfalt wachsen. Am prachtvollsten sind die verschiedenen Arten des Knabenkrauts mit seinen rosa-violetten Blüten, eher unscheinbar und daher leicht zu übersehen sind das Kohlröschen oder der Händelwurz. Am besten ist es, wenn ihr mit dem einheimischen Wanderführer Georg Schnell unterwegs seid, der kennt die Namen aller Orchideen und

28

weiß vor allem die Stellen, wo sie zu finden sind.
Kurz vor Erreichen des Schlegelkopflifts biegt ihr scharf rechts ab, kurz darauf beginnt der Lehrpfad im Naturschutzgebiet „Gipslöcher".
Natürlich werdet ihr euch fragen, weshalb gerade hier diese Gipslöcher sind und wie sie entstanden sind. Erinnert ihr euch noch daran, wie die Versteinerungen von Korallen und Muscheln in das Steinerne Meer am Formarinsee gekommen sind (siehe Tour 25)?
Ganz ähnlich verhält es sich mit den Gipslöchern. Nur dass die Reste nicht aus dem offenen Meer stammen, sondern aus einer Lagune, die vor 200 Millionen Jahren ebenfalls etwa in der Gegend des heutigen Rom vom Meer abgetrennt war. Stellt euch vor, es weht ein heftiger Sturm und dieser spült Muschelreste und abgebrochene Korallenstücke über die Lagune hinweg und lagert sie im seichten Wasser ab. Meerwasser kann keines mehr nachfließen

28

und so vertrocknet die Lagune langsam und das Meersalz setzt sich zusammen mit den Muschel- und Korallenresten am Boden ab. Der Vorgang wiederholt sich öfter, bis eine dicke Schicht entstanden ist. Diese setzt sich jetzt wieder durch die Verschiebung der Kontinentalplatten in Bewegung und ist heute an der Stelle angekommen, an der ihr jetzt steht.

Die Muschel- und Korallenreste haben sich inzwischen verändert, durch chemische Prozesse sind sie zu großen Gipsvorkommen geworden. In den letzten Jahrhunderten hat es ständig auf diesen Gips geregnet, und dabei hat das abfließende Regenwasser den Gips weggespült. Das ist immer in der Mitte geschehen, und so haben sich im Lauf der Zeit diese trichterförmigen Löcher gebildet, die ihr jetzt sehen könnt. Das größte davon ist übrigens 35 m tief und hat einen Durchmesser von über 100 m. Es liegt am Ende des Lehrpfads auf der linken Seite.

Wenn euch die Gipslöcher interessieren und ihr außerdem noch etwas wandern wollt, könnt ihr die

Tour über Tannegg in Richtung Mohnenfluh fortsetzen, auf dem Weg dorthin werdet ihr noch mehrere sehen. An der Oberen Gaisbühel Alpe gibt es außerdem eine Einkehrmöglichkeit.
Von den Gipslöchern nehmt ihr den direkten Weg über Schlössle zurück nach Oberlech. Dort geht ihr an der Bergstation der Bergbahn vorbei und folgt dem Wegweiser „Schlegelkopf" ein kurzes Stück bergwärts, bis linker Hand der Waldlehrpfad beginnt. Auf diesem findet ihr mehrere Tafel, die euch zum Beispiel etwas über das Leben einer Fichte erzählen, die stolze 514 Jahre alt geworden ist. Am Ende des Waldlehrpfads müsst ihr euch links halten und dem steilen Pfad in Richtung Lech folgen. Nach etwa einer Viertelstunde Gehzeit kommt nochmals eine Abzweigung, hier könnt ihr euch entscheiden, ob ihr lieber rechts entlang der Skiabfahrt über Tannberg wandern wollt, was etwas länger dauert, oder ob ihr links direkt durch den Wald hinunter nach Lech geht.

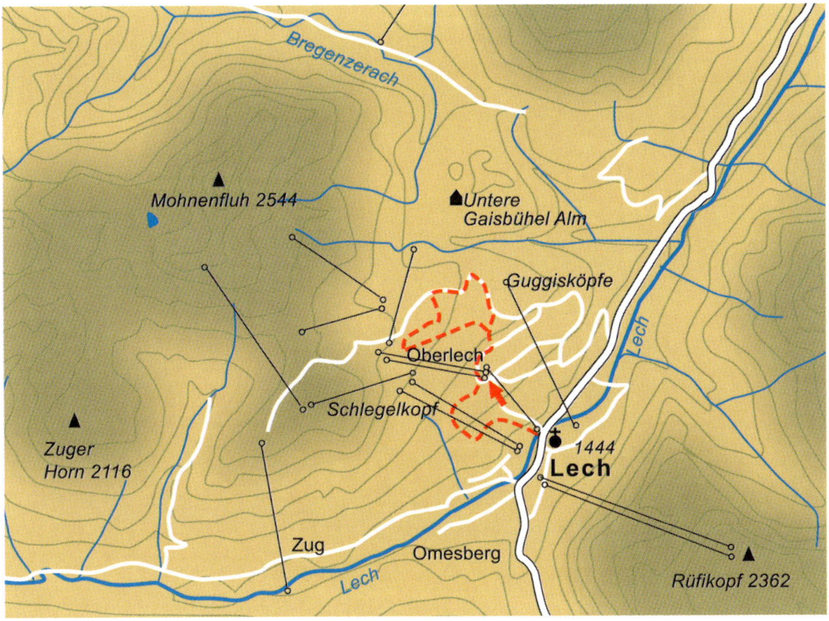

29 Tour 29: Unterwegs mit dem Mini- und Juniorclub

Lech und Umgebung

Auf einen Blick

Alter: 3 – 12 Jahre
Charakter: Dies ist keine Tourenbeschreibung im eigentlichen Sinne, sondern zeigt das Programm des Mini- und Juniorclubs in Lech auf, bei dem alle Kinder kostenlos mitmachen können, deren Eltern im Besitz einer Aktiv Inklusiv Card sind. Lediglich das Essen muss bezahlt werden.
Besonderheit: Die Aktiv Inklusiv Card ist bereits ab einer Übernachtung in Lech bzw. Zürs kostenlos erhältlich. Fragen zum Mini- und Juniorclub unter 05583-21610, eine spezielle Anmeldung ist nur für die Nachtwanderung am Donnerstagabend erforderlich.
Übernachtungsmöglichkeiten: Unter dem Namen „Kinder-Reich" bieten einige Hotels und Pensionen in Lech und Oberlech spezielle Zimmer für Familien mit Kindern an, die alle über nützliche Einrichtungen wie Kinderbett, Hochstuhl, Wickelauflage, Spielecke, Babyphon etc. verfügen.

Lorna und Lukas, die beiden Betreuer im Mini- und Juniorclub, zählen zu den bekanntesten Personen in Lech, zumindest bei den Kindern. Die beiden jungen Leute veranstalten von Montag bis Freitag ein buntes Programm für Drei- bis Zwölfjährige, das allen Spaß macht, bei dem viel gelacht und viel erlebt wird. Treffpunkt ist jeden Morgen um 9.15 Uhr in der Alten Schule, ab 16.30 Uhr können die Eltern ihre Kinder wieder abholen.
Montagvormittag ist Kennenlernen angesagt, bei lustigen Spielen

im Freien werden die übers Wochenende neu angereisten Kinder eingebunden. Nachmittags geht es dann zum Steinesammeln, die danach bunt bemalt werden.
Am Dienstag fahren alle mit dem Wanderbus ins Abenteuercamp, das auf dem Weg zum Formarinsee an einer schönen Waldlichtung liegt. Dort werden mittags Fische am Feuer gegrillt. Am Nachmittag sind alle Kinder Piraten und gehen auf Schatzsuche. Mittwochs ist Klettern angesagt, je nach Wetter im Klettergarten oder in der Halle.

29 Donnerstag ist Tag der Olympischen Spiele, bei vielen Juxspielen auf der großen Wiese werden die Sieger ermittelt. Danach beginnt die Wasserolympiade im Schwimmbad. Abends machen sich die Kinder ab acht Jahren auf in den „Geisterwald", wo sie am Lagerfeuer sitzen, sich Gruselgeschichten erzählen und lustige Spiele machen.
Der Freitag beginnt mit einem Malwettbewerb, zum Abschluss können alle Kinder ein T-Shirt bemalen, das dann zur Erinnerung mit nach Hause genommen wird.

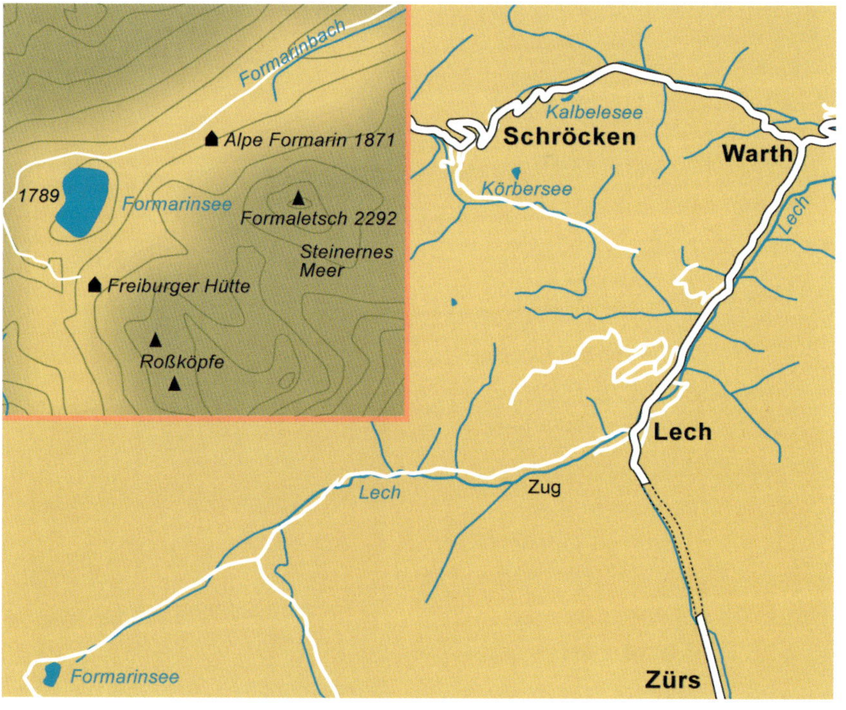

Tour 30: Die Kinderwagen-Tour

30

Hochtannbergpass – Kalbelesee – Körbersee – Alpe Batzen – Schröcken

Auf einen Blick

Anspruch: 1
Anfahrt: Mit dem Wanderbus Nr. 8 von Zürs über Lech zum Hochtannbergpass bis zur Station „Körbersee". Alternativ aus dem Bregenzerwald: Mit dem Landbus Nr. 42 von Schoppernau über Schröcken zum Hochtannbergpass. Für Autos gibt es den Saloberparkplatz (gebührenpflichtig) sowie etwa 200 m weiter in Richtung Warth beim Gasthof Adler eine kostenlose Parkmöglichkeit.
Gehzeit: 3 Stunden (Hochtannbergpass – Kalbelesee 1/4 Std., Körbersee 1 Std., Alpe Batzen 3/4 Std., Schröcken 1 Std.)
Aufstieg: 100 Höhenmeter, **Abstieg:** 400 Höhenmeter
Charakter: Einfache, kinderwagentaugliche Wanderung mit leichtem Anstieg und langem Abstieg.
Besonderheit: Körbersee mit Bademöglichkeit und Bootsverleih. Alpkäserei-Museum bei der Alpe Batzen, einmal wöchentlich Führung, Info bei der Tourismusinformation in Schröcken unter Tel. 05519-26710.
Einkehrmöglichkeiten auf der Strecke: Hotel Körbersee, Tel. 05519-265, schöne Terrasse mit Blick auf dem See, auch Übernachtungsmöglichkeit, täglich geöffnet. Alpe Batzen, Brettljause, Bergkäse, Milch, täglich geöffnet.

Auf dieser Tour kommen alle Familien mit Kleinkindern voll auf ihre Kosten, denn der ganze Weg kann mit Kinderwagen befahren

30

werden. Lediglich dann, wenn der Kinderwagen extrem kleine und schmale Räder hat, kann er an manchen Stellen etwas schwer zu schieben sein. Auch für Kinder, die schon ganz gut gehen können, ist die Route nicht zu anstrengend. Zudem bietet sich nicht ganz auf halber Strecke am Körbersee eine sehr gute Möglichkeit zum Ausruhen an.
Die Wanderung beginnt direkt an der Hauptstraße, die von Schröcken her den Hochtannbergpass heraufkommt, etwa 300 m nördlich des gebührenpflichtigen Parkplatzes. Der gut befestigte Güterweg steigt langsam an, von den Autos und Bussen auf der Hauptstraße ist bald nichts mehr zu hören, und durch die Höhe bekommt man einen sehr schönen Blick auf den darunter liegenden Kalbelesee. Wer sich umdreht, bekommt die imposante Felskulisse des Widdersteins zu Gesicht. Insbesondere am späten Nachmittag wird dieser Berg sehr schön von der Sonne angestrahlt. Hat man die Anhöhe überschritten, geht es langsam hinunter zum Körbersee, der kurze Zeit später von oben ganz gut zu sehen ist. Umrahmt von grünen Wiesen und der Braunarlspitze im Hintergrund, liegt der Körbersee so, wie man sich einen idyllischen Bergsee vorstellt, dazu die Ruhe ringsherum – ein See wie aus dem Bilderbuch. Dort angekommen, bietet sich natürlich im Sommer ein erfrischendes Bad an. Wenn das Wasser etwas zu kalt ist, gibt es als Ausweichmöglichkeit eine Fahrt mit dem leuchtend rot gestrichenen Ruderboot. Den Schlüssel für die Kette gibt es im Hotel Körbersee, die halbe Stunde kostet für

Erwachsene 1,80 € und für Kinder ab 6 Jahren 1,10 €.
Wenn sich dann alle auf der Terrasse des Hotels gestärkt haben, geht es auf den Güterweg weiter in Richtung Schröcken. Nächstes Ziel ist die Alpe Batzen, auf der die Familie Moosmann 42 Milchkühe, 22 Stück Jungvieh, 15 Schweine, 7 Ziegen und 10 Hühner hält.
Deren Produkte liefern eine gute Brotzeit, es gibt frische Milch, Bergkäse, Ziegenkäse und Brettljause. Eine Besonderheit ist die alte Hütte unterhalb der Alpe Batzen, in der ein Alpkäserei-Museum eingerichtet ist. Alle originalen Gerätschaften, mit denen früher Käse erzeugt wurde, sind in der noch gut erhaltenen Käseküche ausgestellt. Die Öffnungszeit kann unter Tel. 05519-26710 erfragt werden.
Von der Alpe Batzen fehlen noch etwa 250 Höhenmeter bis nach Schröcken, die auf dem Güterweg zurückgelegt werden, der von hier in Serpentinen zu Tal führt. Nach einiger Zeit öffnet sich auf der linken Seite eine tiefe Schlucht, aus der man das Rauschen der Bregenzerache vernehmen kann. Bald ist der Kirchturm von Schröcken zu sehen und wenige Minuten später ist der Ort erreicht. Zurück zum Ausgangspunkt nimmt man den Landbus Nr. 42, der unten an der Hauptstraße abfährt und direkt am Ausgangspunkt der Wanderung beim Hochtannbergpass wieder hält.

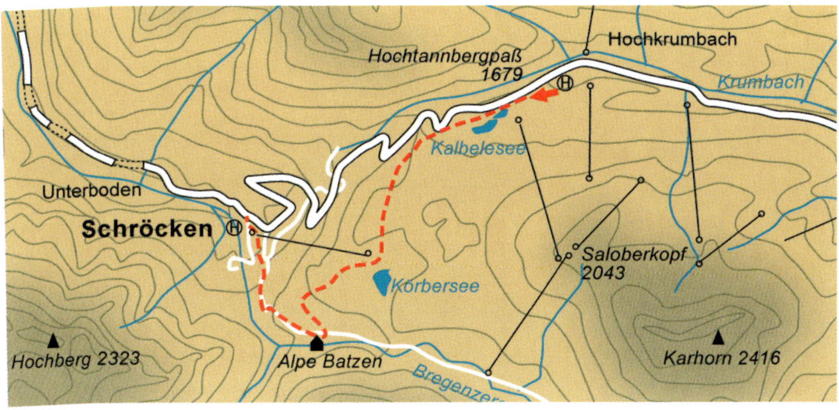

© 2003 by loewenzahn in der Studienverlag Ges.m.b.H.,
Amraser Straße 118, A-6020 Innsbruck
e-mail: order@studienverlag.at
homepage: www.loewenzahn.at

Bibliografische Information Der Deutschen Bibliothek
Die Deutsche Bibliothek verzeichnet diese Publikation in der Deutschen Nationalbibliografie; detaillierte bibliografische Daten sind im Internet über <http://dnb.ddb.de> abrufbar.

ISBN 3-7066-2334-X

Fotos: Michael Reimer und Wolfgang Taschner
Layout und Satz: Karin Berner/Studienverlag
Umschlaggestaltung nach Entwürfen von thöni/visual design, Telfs
Kartenherstellung: Marlene Herburger

Alle Rechte vorbehalten. Kein Teil des Werkes darf in irgendeiner Form (Druck, Fotokopie, Mikrofilm oder in einem anderen Verfahren) ohne schriftliche Genehmigung des Verlages reproduziert oder unter Verwendung elektronischer Systeme verarbeitet, vervielfältigt oder verbreitet werden.

Gedruckt auf umweltfreundlichem, chlor- und säurefrei gebleichtem Papier.

Hinweis: Die einzelnen Angaben wurden von den Autoren sorgfältig nach bestem Wissen und Gewissen zusammengestellt. Für die Richtigkeit der Angaben kann keinerlei Haftung übernommen werden. Wandern im alpinen Gelände erfolgt stets auf eigene Gefahr. Eine Haftung des Verlages für selbst erlittene oder anderen zugefügte Schäden ist ausgeschlossen.